シリーズ古地図物語

江戸寺社大名庭園

江戸の面影を、今に伝える寺社と大名庭園

慶長八年（一六〇三）、徳川家康は江戸に幕府を開き、江戸の町の本格的な建設に着手。土木工事は諸大名に命じた「天下普請」で行われ、三代将軍・家光の代に一応の完成をみた。江戸城の周りに武家屋敷があり、海側の平地には町屋を、周辺部に寺社を配した、江戸の原型ができたのである。

江戸には、俗に「江戸三百藩」といわれる各藩の江戸屋敷があった。ほとんどの屋敷内には、庭園が整備され、樹木が生い茂っていた。当時の江戸は、全体面積の半分以上が大名屋敷地で占められていたといわれ、周辺に点在する寺社境内も加え、豊富な緑に囲まれた場所であった。現在の姿から想像は難しいが、山あり谷あり、美しい水場があり、遠くには富士を望むこともできた、じつ

に風光明媚な都市だったのである。

　江戸時代は二六五年も続いた平和な時代である。度重なる大火もあったが、この長い期間にわたって、江戸の町は保護され、成熟してきた。明治維新後、大名の没落や神仏分離令などにより、大名庭園や寺社地は存亡の危機に瀕したが、皇室や貴族、財閥など上流層の邸宅として残され、現在では公園などとして甦っている。ビルの谷間の中に残されたエアポケットのような寺社境内や公園で、太平の世が続いた江戸の面影を偲んでみたい。

　江戸から東京に変わり、明治・大正・昭和・平成という時代の流れの中で、関東大震災や東京大空襲などの災禍を受け、残されている江戸時代の建築物は数少ない。そんな災禍を潜り抜けた貴重な建物や遺構に出会った場合には、ぜひ注目を。また寺社などが、なぜ現在の場所に建立されたのか、その由来を辿ってみるのも面白いだろう。

「江戸名所図会　金龍山　浅草寺」部分

目次

付録図「天保改正 御江戸大絵図」について

赤…神社仏閣　緑…原・林・馬場・土手　褐色…田畑

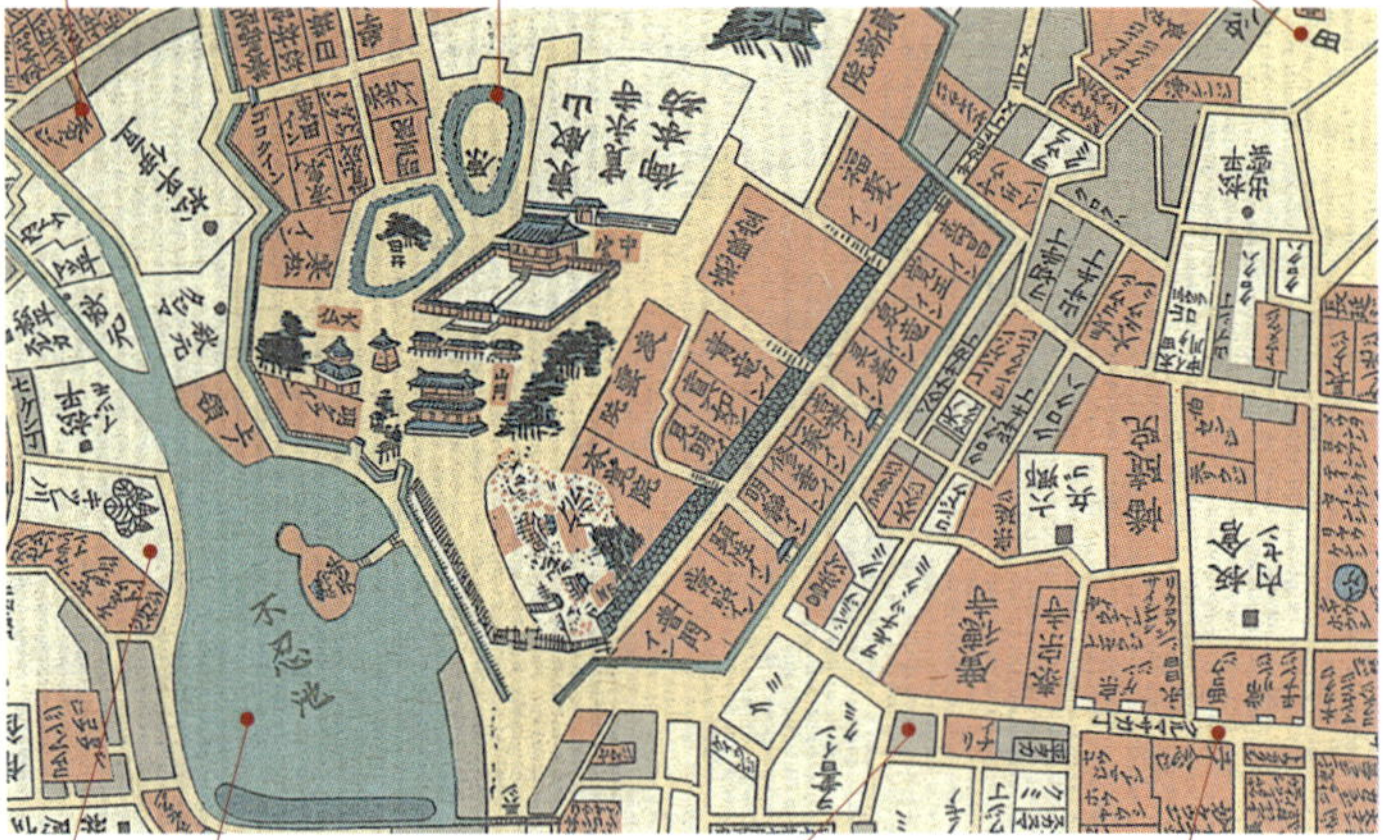

青…海・河川・沼地・堀　灰色…町家や門前町　黄…道・橋

白…幕府施設・大名屋敷・旗本屋敷・与力 同心大縄拝領地

大名屋敷はそれぞれ、家紋…上屋敷、■印…中屋敷、●印…下屋敷を示す。

※長い塀に囲まれた広い屋敷でも、入口の見当がつくように、武家名・寺社名は表門の側から書き始められている。

本書付録の「御江戸大絵図」は、古地図原本を描き起こした復刻版を使用しています。さらに、現在と比較しやすいよう、地下鉄・鉄道路線図、ランドマークを書き加えています。原本は、天保一四年（一八四三）の版で、作者は読本作者の高井蘭山、芝神明前にあった書物問屋・岡田屋嘉七が刊行しました。

墨刷の上に赤青黄緑褐灰色の六色を加えた色彩豊かな木版刷で、神社仏閣や地形が絵画的に描かれています。その見栄えのよさから実用に供されただけでなく観賞用としても重宝され、勤番侍や商人の江戸土産にもなりました。多くの人が集散を繰り返す江戸において地図の需要は高く、江戸の町のめまぐるしい変化に呼応して改版を重ねました。

約一二二cm×約一四八cmの大判の地図で、原本は西を上にして作画されています。東西は亀戸から新宿、南北は品川から王子までが収載され、文政元年（一八一八）に作成された「江戸朱引図」による行政上の江戸市域にほぼ該当します。縁辺に行くほど、図がデフォルメされていますが、中心部は比較的正確に描かれ、現代との比較に適した江戸全図です。

◆皇居・日枝神社周辺

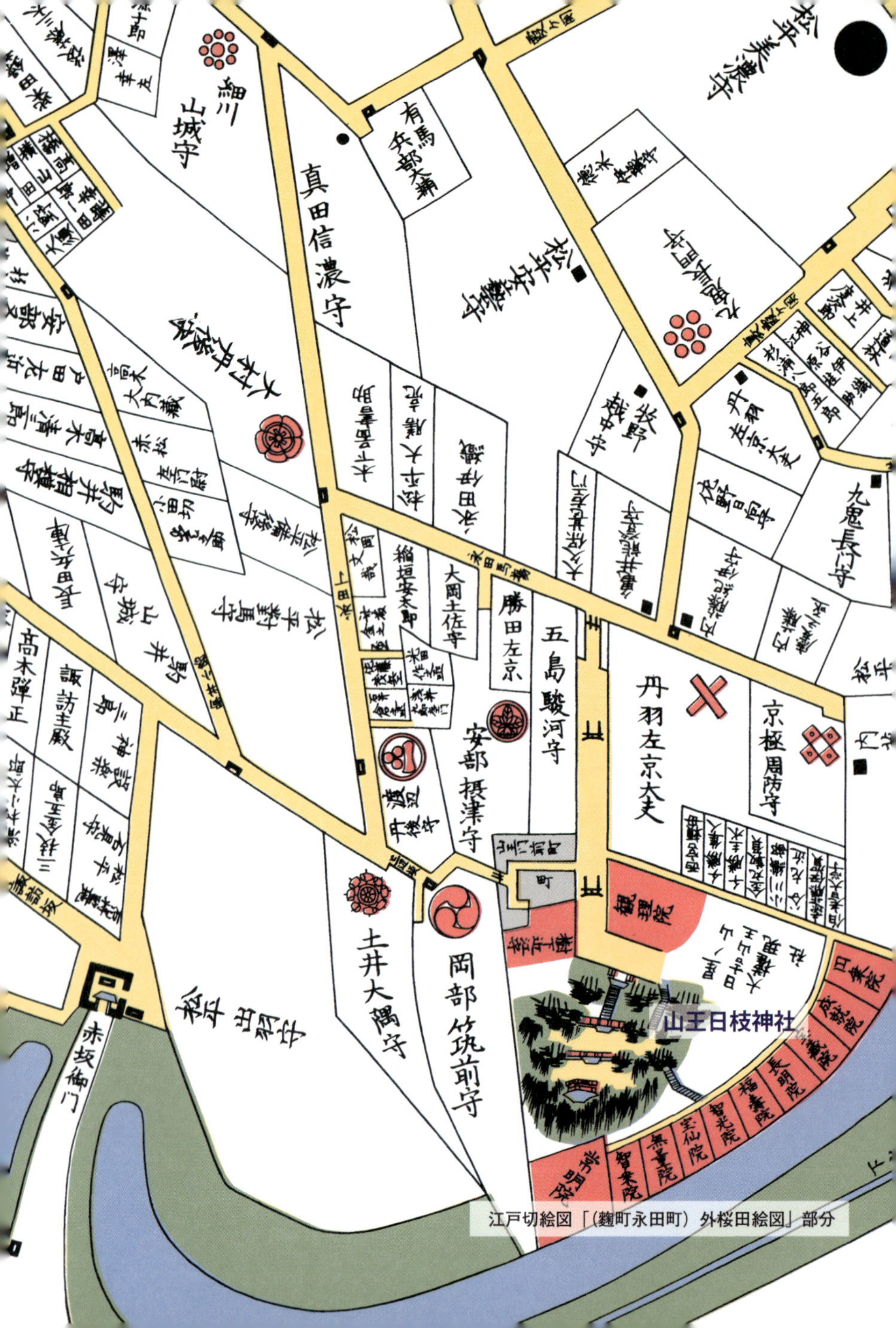

江戸切絵図「（麴町永田町）外桜田絵図」部分

1 皇居東御苑

地図 八-四

徳川一五代の居城。天守台、大奥跡など多くの史跡が残る

本図に「御城」と刻字された一帯で、江戸城の本丸、二の丸、三の丸があったところ。明治初年からは皇居となり、戦前まで宮内庁などの施設が置かれていた。戦後、宮殿の造営にあわせて皇居附属庭園として整備され、昭和四三年（一九六八）から一般に公開されている。かつてはこの壮大な空間に多くの殿舎が建ち並んでいたが、当時の建物は富士見櫓と富士見多聞、大番所・百人番所・同人番所を残すだけである。しかし、巨岩を積み上げた天守台や〈赤穂事件〉の発端となった松の大廊下跡、芝生広場となっている大奥跡など見どころが多い。また苑内は緑が濃く、四季の花も豊富で、二の丸庭園は、花菖蒲の名所として知られている。

●所在地／千代田区　●交通／地下鉄千代田線・三田線大手町駅から徒歩５分 ▶ MAP 16 頁　●入園／無料・月・金曜（天皇誕生日以外の祝日は公開）・年末年始休・9～16 時（季節により異なる）

2 皇居外苑

地図 八-四

幕府要人の広大な大名屋敷が並んでいた

江戸時代には西の丸下と呼ばれ、本丸にも西の丸にも近く登城に便利なことから、老中・若年寄などの要人が役宅を構え、幕府重臣の広大な邸宅もあった。本図に見える和田倉門は、明治天皇が京都から行幸の際、華麗な鳳輦に乗って初めて入城した門である。東京駅から門へと続く広い通りは「行幸通り」と呼ばれている。

一帯は公園として開放されており、二重橋から伏見櫓を望む絶景が楽しめる。和田倉門そばには、今上天皇のご成婚を記念して整備された和田倉噴水公園があるほか、南側の一角に、別子銅山開山二〇〇年を記念して、住友家から宮内庁に献納された楠木正成の銅像が立つ。像の制作者は正成像が高村光雲、馬は後藤貞行。

●所在地 / 千代田区　●交通 / 地下鉄千代田線二重橋前駅、同有楽町線桜田門駅下車　▶ MAP 16 頁　●入園 / 無料・無休・観覧自由

3 北の丸公園

地図 八-三

広大な敷地に驚愕する、御三卿の田安家・清水家の屋敷跡

江戸城西の丸の北側に位置し、江戸時代には御三卿の田安家、清水家の屋敷があった場所。八代将軍・徳川吉宗の次男・宗武が田安家を創始する以前には、千姫や春日局の屋敷が置かれていた。維新後は天皇家を警固する近衛師団司令部と近衛聯隊が置かれた所として名高い。レンガ造りの旧近衛師団司令部庁舎の建物（国重文）は、国立近代美術館工芸館として二〇二〇年まで一般に公開された。北の丸一帯は洋式庭園となり、北側の入り口に枡形を残す田安門（国重文）が残される。現在の門は寛永一三年（一六三六）に再建されたもので、現存する最古の江戸城城門。また清水邸跡に日本武道館が建っている。西側一帯の千鳥ヶ淵は都内有数の桜の名所でもある。

●所在地／千代田区北の丸公園　●交通／地下鉄半蔵門線・東西線・新宿線九段下駅から徒歩３分　▶MAP 16 頁　●入園／無料・無休・観覧自由

4 靖国神社

地図 八-三

明治維新から第二次大戦までの戦没者の英霊を祀る

現在の境内は、本図の「ウヘダメアキチ」とその西側の幕臣の屋敷地辺り。明治二年（一八六九）建立の東京招魂社が始まりで、同一二年現社名に改称した。明治維新の戦乱から第二次大戦までの戦没者約二五〇万人の霊を祀っている。本殿は明治五年（一八七二）、拝殿は明治三四年（一九〇一）竣工の建物。本殿は老朽化のため昭和六一年（一九八六）から三年かけて解体修理が施されている。参道には近代軍制の創始者と称される大村益次郎の銅像が立つ。参道から境内一帯は桜の名所として知られ、春には多くの花見客で混雑する。気象庁は境内にある三本の桜を標準木に指定。東京都の桜の開花宣言はこの標準木が咲いた時に行われる。また秋の例大祭に開かれる菊花展も見物客が多い。

●所在地 / 千代田区九段北 3-1　●交通 / 地下鉄半蔵門線・東西線・新宿線九段下駅から徒歩 4 分　▶ MAP 16 頁　●拝観境内自由・宝物を展示する遊就館は 1000 円・無休

5 清水谷公園

地図 ロ-四

維新の三傑の一人・大久保利通は、この公園そばで暗殺された

本図を見ても分かるように、公園のある紀尾井町の町名は、江戸時代に紀州徳川家、尾張徳川家、井伊家の屋敷があったことから名付けられたもの。この紀州徳川家の中屋敷跡に位置し、明治期にその敷地は北白川宮邸となっていた。

公園は旧中屋敷跡の一角を占め、池を中心に黒松や樟が茂り、花水木・猿滑といった花木も多く、都会に残された憩いのスポットである。園内の正面にある「贈右大臣大久保公哀悼碑」は、明治一一年(一八七八)、紀尾井坂で暗殺された明治の元勲・大久保利通を悼んで建てられた。明治二一年(一八八八)に完成した石碑は高さ六mの巨大なもの。表面に記された碑文は、時の太政大臣・三条実美の揮毫による。

●所在地／千代田区紀尾井町２　●交通／地下鉄銀座線・丸ノ内線赤坂見附駅から徒歩３分　▶MAP 16 頁　●入園／無料・無休・観覧自由

6 日枝神社

地図 八-四

天下祭として江戸っ子に人気があった山王祭が行われる

太田道灌《どうかん》が江戸城築城の際、川越から勧請したのが始まりという。その後、徳川家康が江戸に移封された際に徳川将軍家の産土神となり、江戸総鎮守として崇敬された。明暦の大火の際に社殿を焼失したため、万治二年（一六五九）に赤坂の現在地に遷座。江戸城は鬼門に寛永寺、神田明神、浅草寺を配置し、裏鬼門に日枝神社と増上寺を置いて悪運を封じ込めているのである。日枝神社は山王大権現とも称する。神田祭、深川八幡祭りと並ぶ江戸三大祭の一つ山王祭は、江戸城内に神輿が入る将軍上覧の天下祭として江戸っ子に人気があった。境内は深い緑に包まれ、極彩色の荘厳な社殿が建つ。拝殿前には珍しい子猿を抱く石猿像が安置されている。

●所在地 / 千代田区永田町 2-10　●交通 / 地下鉄南北線溜池山王駅から徒歩 3 分、同銀座線・丸ノ内線赤坂見附駅から徒歩 8 分　▶ MAP 16 頁　●月次祭（毎月 15 日）

7 日比谷公園

地図 八-四

明治三六年に開園した日本初の洋風近代式公園

江戸時代、日比谷見附や長州藩（萩藩）毛利家、肥前佐賀藩鍋島家などの大名屋敷があったところ。幕末期の元治元年（一八六四）、長州藩が挙兵上京した「禁門の変」や長州征伐に対する制裁として江戸の長州藩邸は没収。上屋敷のあったこの地は、建物が破却され更地となっていた。維新後一帯は陸軍練兵場として使用されていたが、練兵場が明治神宮外苑に移転するにともない、明治三六年（一九〇三）、日本初の西洋式の公園として開放された。洋風の大花壇や大噴水、心字池と鶴の噴水を持つ和風庭園が見どころで、春の梅から冬のサザンカまで四季折々花が絶えない。園内には日比谷公会堂、大音楽堂・小音楽堂の施設のほか、数々の事件の舞台ともなった松本楼などがある。

●所在地 / 千代田区日比谷公園　●交通 / 地下鉄日比谷線・千代田線・三田線日比谷駅から徒歩 3 ～ 5 分。または同丸ノ内線・千代田線霞ヶ関駅から徒歩 3 分　▶ MAP 16 頁　●入園 / 無料・無休

靖国通り
九段下
新宿線
神保町
小川町
淡路町
神田
日本武道館
科学技術館
竹橋
半蔵門線
かんだ
3北の丸公園
平川門
丸ノ内線
しんにほんばし
天守閣跡
東西線
三越前
大手町
大手門
御所
宮内庁
桔梗門
三田線
千代田線
東京
日本橋
坂下門
とうきょう
二重橋前
中央通り
内堀通り
正門
二重橋
2皇居外苑
楠公像
警視庁
桜田門
祝田橋

北の丸公園
科学技術館
パレスサイドビル
三田線
竹橋
東西線
天守閣跡
半蔵門線
大手堀通り
1皇居東御苑
大手町
千代田線
パレスホテル

半蔵門線
皇居
最高裁判所
二重橋
皇居外苑
国会図書館
桜田濠
内堀通り
桜田門
桜田門
有楽町線
永田町
日比谷高校
警視庁
国会議事堂
丸ノ内線
日比谷線
6日枝神社
国会議事堂前
霞ケ関
7日比谷公園
千代田線
溜池山王
桜田通り
南北線
虎ノ門
銀座線
三田線
内幸町
外堀通り
虎ノ門ヒルズ

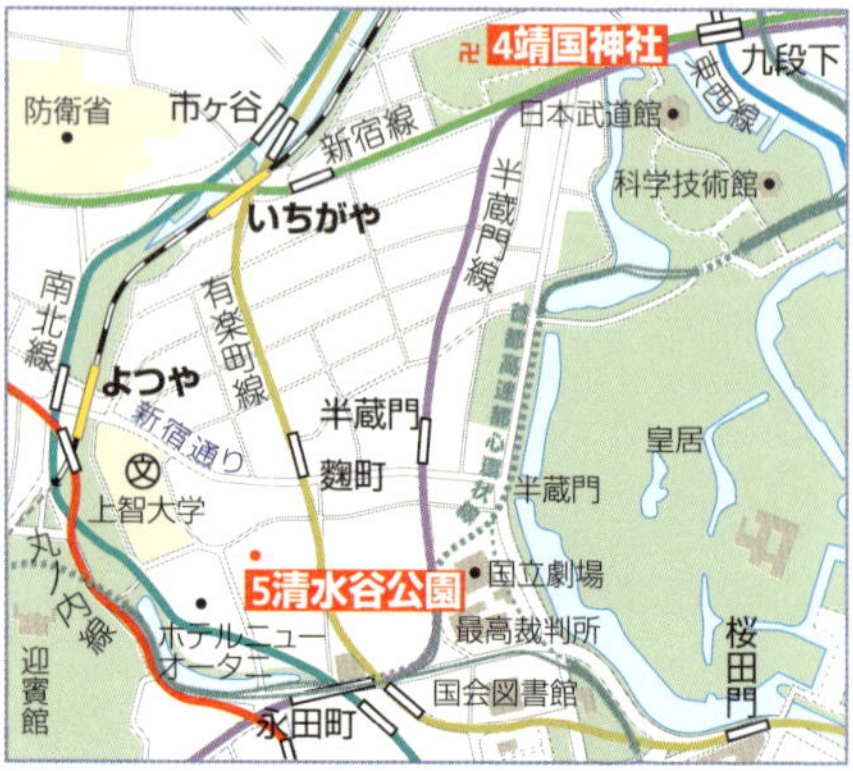
4靖国神社
九段下
防衛省
市ヶ谷
日本武道館
東西線
新宿線
科学技術館
いちがや
半蔵門線
南北線
有楽町線
よつや
半蔵門
皇居
新宿通り
麹町
半蔵門
上智大学
5清水谷公園
国立劇場
丸ノ内線
ホテルニューオータニ
最高裁判所
迎賓館
国会図書館
永田町
桜田門

◆上野公園・浅草寺周辺

江戸切絵図「（今戸箕輪）浅草絵図」部分

8 浅草寺

地図 ホ-ニ

多くの外国人観光客でも賑わう都内最古の寺

正式には金龍山浅草寺といい、一般には「浅草の観音様」と呼び親しまれる都内最古の寺。縁起によると、推古天皇の三六年（六二八）の創建と伝わる古刹。本尊の聖観音像は高さ一寸八分の金色の像と伝えられるが、秘仏のためその実体は明らかでない。聖観音宗の総本山で、坂東三十三観音霊場の第一三番札所としても名高い。境内に続く入り口は多いが、参詣は広重の浮世絵で有名な雷門から仲見世を抜け、大提灯を吊す宝蔵門を潜り、正面の本堂に至るのがよい。雷門は幕末期に焼失後、長らく仮設の門だったが、昭和三五年（一九六〇）に再建されている。また当寺には、羽子板市、ほおずき市といった賑やかな行事が多く、年中大勢の参拝・観光客を集めている。

●所在地 / 台東区浅草 2-3　●交通 / 地下鉄浅草線・銀座線浅草駅から徒歩 5 分 ▶ MAP 30 頁　●拝観境内自由　●羽子板市（12 月 17・18・19 日）・ほおずき市（7 月 9・10 日）

9 上野公園（清水観音堂）

地図 二-二

春の桜と不忍池で知られる、文化の香り高い公園

江戸時代は上野の山全体を覆っていた東叡山寛永寺の境内。幕末期の上野戦争では彰義隊が立て籠もり、新政府軍の猛攻によって壮大な伽藍はほとんどが焼失。一帯は焼け野原となっていた。明治六年（一八七三）、太政官布達により芝、浅草、深川、飛鳥山とともに、日本で初めての公園に指定された。JR上野駅と鶯谷駅の西側一帯が園地で、約五三万㎡の広大な面積を持つ。園内には東京国立博物館、国立西洋美術館、国立科学博物館、東京都美術館、上野動物園など、多くの文化施設がある。清水観音堂は上野戦争での被災を免れた江戸時代の貴重な遺構で、国重要文化財。広重の名作『江戸名所百景』をはじめ多くの浮世絵に描かれ、清水寺を模した舞台造りの華麗な姿を今に伝えている。

●所在地 / 台東区上野公園　●交通 /JR 山手線上野駅、京成本線京成上野駅下車　▶ MAP 30 頁　●清水観音堂・拝観 9 ～ 17 時

渓斎英泉「東都花暦　上野清水之桜」

10 寛永寺

地図 二-二

天海僧正が開基した徳川将軍家の菩提寺

江戸城の鬼門の守りとして、寛永二年（一六二五）に天海僧正が開創した天台宗の寺。山号の東叡山は、京都の比叡山に対して名付けられたもの。不忍池は琵琶湖を、清水観音堂は清水寺を模して造られたものだ。寛永寺は増上寺と並ぶ徳川将軍家の菩提寺で、門主は輪王寺宮と称し、比叡・東叡・日光の三山を統轄した。しかし壮麗を誇った大伽藍は、幕末の上野戦争でその大半を焼失。かつての本堂は現在の東京国立博物館の辺りに、中堂は噴水の場所にあった。清水観音堂のほか、焼失を免れた五重塔が動物園の敷地内に、表門が輪王寺に移築されて現存している。現在の寺は旧子院の大慈院跡に復興したものである。根本中堂の薬師瑠璃光如来像は国の重要文化財。

●所在地 / 台東区上野桜木 1-14　●交通 /JR 山手線・京浜東北線鶯谷駅から徒歩 8 分　▶ MAP 30 頁　●拝観境内自由・9 ～ 17 時（季節により変更）

11 天王寺（谷中霊園）

地図 二-二

「江戸の三富」の一つに数えられた富くじ興行で知られる古刹

JR日暮里駅南側の崖上に建つ。鎌倉期創建の古刹で日蓮宗感応寺と称したが、元禄一二年（一六九九）に江戸幕府の命により東叡山寛永寺の末寺となり天台宗に改宗。江戸時代には湯島天神、目黒不動尊と並ぶ幕府公認の「富くじ興行」で知られた寺だった。上野戦争の際に彰義隊の兵舎が置かれたため、伽藍の大半を焼失。現在は露座の釈迦牟尼仏と谷中七福神の一つ毘沙門天を祀る寺として知られる。旧寺地に開かれた谷中霊園は、明治七年（一八七四）に青山、染井、雑司ヶ谷などとともに、日本で最初の公営墓地として誕生した霊園。歴史ある霊園だけに渋沢栄一・横山大観・長谷川一夫ら名士の墓が多い。幸田露伴の小説『五重塔』のモデルになった天王寺五重塔の跡も残される。

●所在地 / 台東区谷中 7　●交通 /JR 山手線日暮里駅からすぐ　▶ MAP 30 頁

「東都歳事記　谷中天王寺　富の図」

12 瑞輪（林）寺

地図 二-二

徳川家康が幼少の頃、学問の師であった日新上人開山の寺

本図には瑞林寺と記載されている。日蓮宗の名刹で、身延山とともに法華経信仰の聖地である七面山に、日蓮ゆかりの安産・厄除けの飯匙祖師を祀ることから、別称を「おしゃもじ寺」ともいう。開山は徳川家康が幼少の頃、学問の師であった日新上人。家康より日本橋に寺地の寄進を受け、天正一九年（一五九一）に創建された。その後、火災で焼失したため、慶安二年（一六四九）に現在の地に移転。かつては一五坊の塔頭があったといわれるが、上野戦争で建物は焼失。現在は五院のみとなっている。本堂・鐘楼ほかを備える広大な寺域を擁し、神田上水の完成者大久保主水が眠る寺としても知られる。また墓地には、幕末明治期の画家河鍋暁斎《かわなべきょうさい》の蝦蟇の形をした珍しい墓がある。

●所在地 / 台東区谷中 4-2　●交通 / JR 山手線日暮里駅、または地下鉄千代田線千駄木駅から徒歩 10 分　▶ MAP 30 頁

13 吉祥寺

地図 ハ-一

武蔵野の吉祥寺は、この寺の門徒衆が移住したのが由来

室町時代、太田道灌の開基で、最初は江戸城内に創建された。徳川家康の関東入府にともなって駿河台に移り、明暦の大火と江戸大火によって現在地に移転している。武蔵野市にある吉祥寺の街は、明暦の大火で焼け出されたこの寺の門徒衆が、幕府の斡旋により移住して新田を開発した地域である。曹洞宗江戸三カ寺の一つに入る大寺で、江戸期にはのちの駒澤大学となる「栴檀林《せんだんりん》」と呼ぶ学寮を備え、千人もの学僧が修行していたという。戦災で伽藍の大半が炎上したが、江戸建築の豪壮な山門と経蔵が残った。大名墓の多いことでも知られ、二宮尊徳・鳥《とり》居《い》耀《よう》蔵《ぞう》・榎本武揚といった名士の墓もある。境内を彩る参道のイチョウ並木、経蔵前の桜の巨樹が見ごと。

●所在地 / 文京区本駒込 3-19　●交通 / 地下鉄南北線本駒込駅から徒歩 5 分。または同三田線白山駅から徒歩 8 分　▶ MAP 30 頁　●拝観は参詣者に限り境内自由

14 根津神社

地図 ハ-二

日本武尊が創祀したと伝承される由緒ある神社

日本武尊《やまとたけるのみこと》が千駄木の地に創祀したと伝わる古社。文明年間（一四六九〜一四八六）に太田道灌により社殿が造られた。現在社殿のある地は、もと甲府宰相松平綱重《つなしげ》の別邸地で、五代将軍綱吉《つなよし》が、綱重の子・綱豊《つなとよ》（後の六代将軍家宣）を養嗣子と決めた際、元の屋敷地が献納されたため千駄木から遷座した。宝永三年（一七〇六）に創建された壮麗な権現造りの社殿は、綱吉の命による天下普請で完成したもので、国指定重要文化財。境内裏山の斜面には、約三〇〇〇株のツツジが植栽されており、都内屈指のツツジの名所として知られる。また近隣には明治の文豪・夏目漱石や森鷗外が居を構えていたこともあり、古い佇まいを残す周辺には文豪所縁の旧跡なども残されている。

●所在地 / 文京区根津 1-28-9　●交通 / 地下鉄千代田線根津駅、または千駄木駅から徒歩 7 〜 8 分　▶ MAP 30 頁　●拝観境内自由　●つつじ祭り（4 月上旬〜 5 月上旬）

15 三四郎池

地図 ハ-二

夏目漱石の名作『三四郎』の舞台となった池

東京大学本郷キャンパスの構内にある。本郷キャンパスの敷地は、江戸時代に加賀百万石前田家の上屋敷があったところ。この屋敷内に築造された庭園「育徳園」にあった池で、かつてはこの心字池を中心に八景や八境があり、築山に小亭を配した名園であったといわれる。夏目漱石の名作『三四郎』は、ここを舞台としていたため「三四郎池」と呼ばれるようになった。かつての名園も現在は「三四郎池」にその面影を残すだけだが、桜やフジの花が咲くころはとくに美しい。一三代加賀藩主・前田斉泰《なりやす》が一一代将軍・徳川家斉の娘・溶姫《やすひめ》を正室に迎える際に創建された、朱塗りの「赤門」（国の重要文化財）を通りぬけて訪ねるとよいだろう。

●所在地 / 文京区本郷 7-3　●交通 / 地下鉄大江戸線・丸ノ内線本郷三丁目駅から徒歩 5 分。または地下鉄南北線東大前駅から徒歩 10 分　▶ MAP 30 頁

16

麟祥院《りんしょういん》

地図 八-三

三代将軍家光の乳母として大奥に君臨した春日局の菩提寺

臨済宗《りんざいしゅう》妙心寺《みょうしんじ》派《は》の禅院で、将軍家光の乳母として大奥を取り締まった春日局の菩提寺。寛永元年（一六二四）、春日局の隠棲所として創建。局は寛永一一年（一六三四）仏門に入り、同二〇年、六五歳で没してこの寺に葬られた。はじめ天沢寺と称したが、徳川家光より春日野局の法号をもって寺号とするようにとの命があり「天沢山麟祥院」と号するようになった。境内はイチョウやケヤキ、紅葉などが茂る閑寂境で、本堂脇の墓地に卵塔《らんとう》に丸い穴を穿った局の墓がある。なお当院は、周囲にカラタチの生け垣をめぐらせていたため「からたち寺」と称され、森鴎外の小説『雁』の中にも登場する。明治になり井上円《えん》了《りょう》が境内に東洋大学の前身である「哲学館」を創立。東洋大学発祥之地の碑が建つ。

●所在地 / 文京区湯島 4-1　●交通 / 地下鉄大江戸線本郷三丁目駅から徒歩 2 分。または地下鉄千代田線湯島駅から徒歩 7 分　▶ MAP 30 頁　●拝観境内自由・17 時閉門

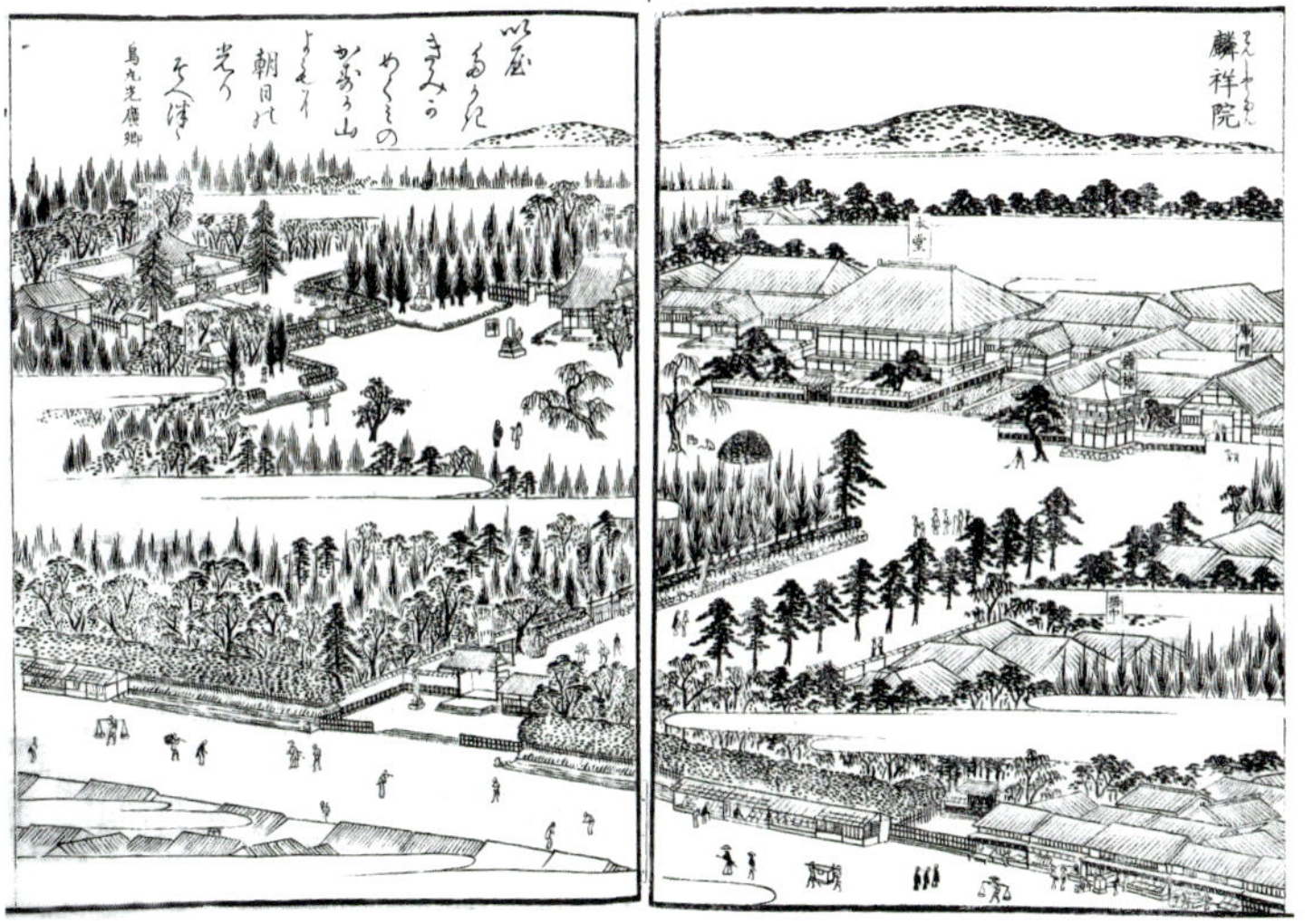

「江戸名所図会　麟祥院」

17 湯島天神

地図 二-三

東日本エリアを代表する学問の神様として有名

正式な名称は湯島天満宮。社伝によれば雄略天皇二年（四五八）に勅命により創建されたと伝えられる歴史ある神社。室町時代に太田道灌が再建し、祭神には天《あめ》之《の》手《た》力《ぢから》雄命《おのみこと》と学問の神様として知られる菅原道真を祀る。江戸時代から多くの学者・文人の崇敬を集め、現在も受験シーズンには多数の受験生が合格祈願に訪れる。享保期（一七一六～一七三五）には、境内で〈富くじ〉（江戸の三富の一つ）が売られて庶民の人気を得、神社前に建ち並ぶ茶屋や楊弓場・芝居小屋とともに大変賑わった。現在は泉鏡花の原作、新派の「湯島の境内」の名場面で知られ、新派ファンの訪れも多い。また昔からの梅の名所で、開花期には「梅まつり」が開かれて賑わいをみせる。

●所在地 / 文京区湯島 3-30　●交通 / 地下鉄千代田線湯島駅から徒歩 2 分　●拝観境内自由　▶ MAP 30 頁　●梅まつり（2 月上旬～ 3 月上旬）

18 神田神社

地図 二-三

江戸城の鬼門を守る、江戸一〇八か町会の総氏神

天平二年(七三〇)、天慶の乱で倒れた平将門の怨霊を鎮めるために、現在の千代田区大手町の地(将門塚周辺)に創建されたと伝えられる。江戸開府にともない元和二年(一六一六)に江戸城の表鬼門を守護する現在地に遷座し、幕府により社殿が造営された。江戸時代より一般には、神田明神と呼び親しまれ、神田祭は江戸城内まで山車が乗り入れたことから、将軍上覧の天下祭として有名だった。江戸時代の社殿は関東大震災で焼失。その後、昭和初期に当時としては珍しい鉄筋コンクリート構造で再建された。築地本願寺を設計した伊東忠太や佐藤功一など、近代寺社建築・都市建築を代表する建築家により設計されたものだ。境内には野村胡堂の小説で有名な、銭形平次親分の碑がある。

●所在地 / 千代田区外神田 2-16　●交通 /JR 中央線御茶ノ水駅、または地下鉄千代田線新御茶ノ水駅から徒歩 4 ～ 5 分　▶ MAP 30 頁　●拝観境内自由

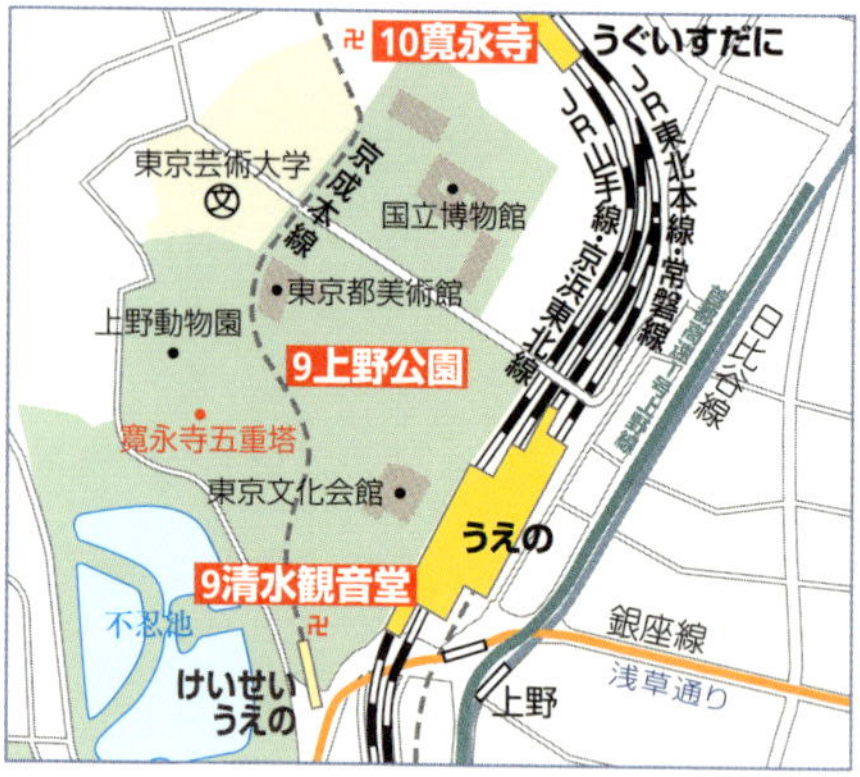
10寛永寺
うぐいすだに
東京芸術大学
京成本線
国立博物館
JR山手線・京浜東北線
JR東北本線・常磐線
東京都美術館
上野動物園
9上野公園
日比谷線
寛永寺五重塔
東京文化会館
うえの
9清水観音堂
不忍池
銀座線
けいせい
うえの
上野
浅草通り

浅草ビューホテル
つくばエクスプレス
8浅草寺
隅田公園
あさくさ
国際通り
東京本願寺
東武スカイツリーライン
あさくさ
仲見世
松屋
隅田川
雷門
雷門通り
田原町
浅草
吾妻橋
浅草線
銀座線
駒形橋
清澄通り

13吉祥寺
文林中学校
養源寺
駒込学園中·高
千駄木
本駒込
第八中学校
汐見小学校
谷中小学校
南北線
千代田線
大円寺
日本医科大病院
白山
本郷通り
三田線
日本医科大学
14根津神社
東京大学
東大前
根津

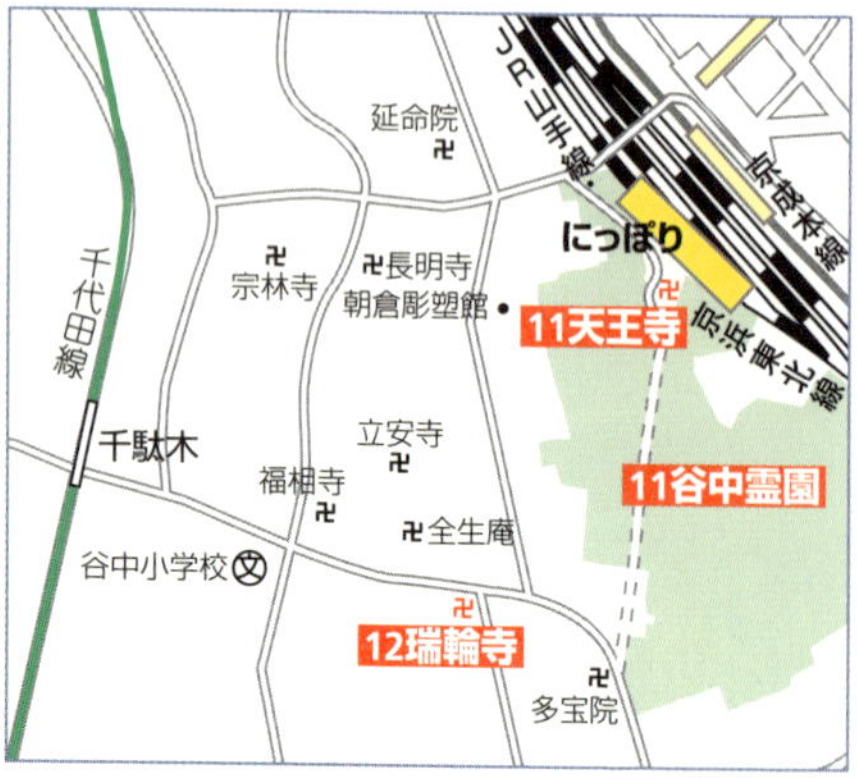
延命院
JR山手線
京成本線
にっぽり
宗林寺
長明寺
朝倉彫塑館
11天王寺
京浜東北線
千代田線
千駄木
立安寺
福相寺
11谷中霊園
全生庵
谷中小学校
12瑞輪寺
多宝院

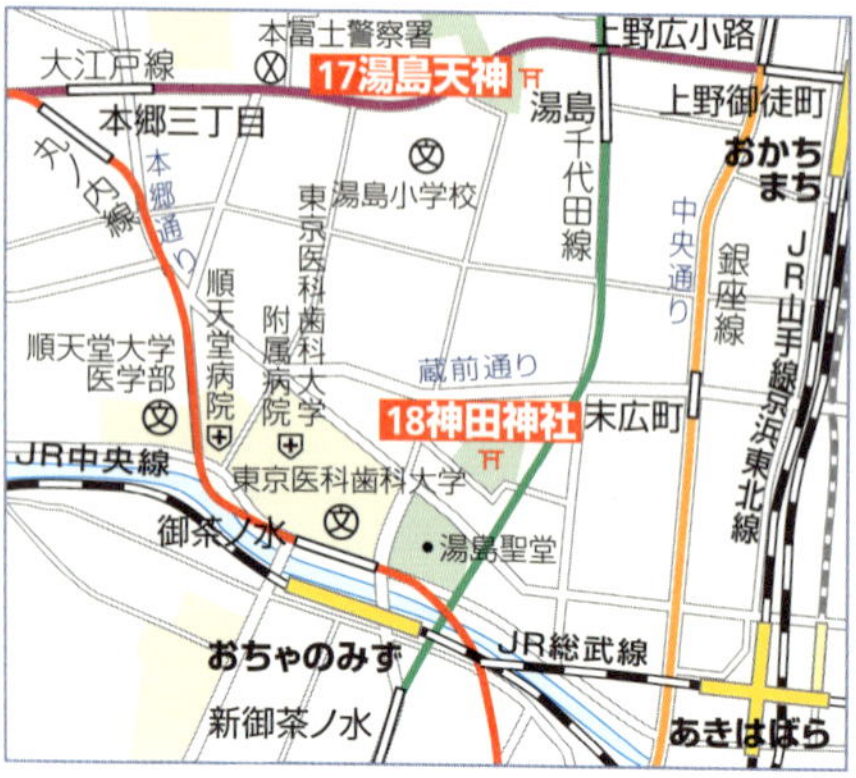
本富士警察署
上野広小路
大江戸線
17湯島天神
湯島
上野御徒町
本郷三丁目
おかち
まち
丸ノ内線
本郷通り
湯島小学校
千代田線
東京医科歯科大学
中央通り
銀座線
JR山手線
京浜東北線
順天堂大学
医学部
順天堂病院
附属病院
蔵前通り
18神田神社
末広町
JR中央線
東京医科歯科大学
御茶ノ水
湯島聖堂
おちゃのみず
JR総武線
新御茶ノ水
あきはばら

東京大学
千代田線
15三四郎池
東大附属病院
不忍通り
不忍池
本郷通り
赤門
本郷消防署
16麟祥院
本郷三丁目
本富士警察署
湯島天神
湯島
大江戸線
春日通り
丸ノ内線
湯島小学校

◆小石川後楽園・護国寺周辺

江戸切絵図「(小石川谷中) 本郷絵図」部分

19 小石川後楽園

地図 八-三

水戸藩徳川家の上屋敷に造られた都内を代表する名園

もと水戸藩徳川家三五万石の上屋敷で、寛永六年（一六二九）に初代頼房《よりふさ》が起工し、二代光圀《みつくに》の代に完成した。広さ七万㎡以上の広大な庭園は、三つの池を中心とした回遊式築山泉水庭園となっており、園路の要所要所に渡月橋・通天橋・八ツ橋など、日本各地の名勝の縮景を配している。また、西湖堤や円月橋といった中国趣味も随所に取り入れられているのが特徴である。園内には枝垂桜の名木や梅林・藤棚・泰山木・猿滑などの花樹が多く、これに花菖蒲やスイレンなどが加わって四季を通じて花が絶えない。昭和二七年（一九五二）に国の特別史跡・特別名勝に指定されている。重複指定を受けているのは、ここを含めて全国でも九カ所しかない。

●所在地 / 文京区後楽 1-6　●交通 /JR 中央線・地下鉄大江戸線飯田橋駅から徒歩 4 ～ 6 分　▶ MAP 44 頁　●入園 / 中学生以上 300 円・年末年始休・9 ～ 17 時

20

伝通院《でんづういん》

地図 ハ-ニ

増上寺、寛永寺と並ぶ徳川将軍家の菩提所であった寺

室町時代に開創したと伝わる古刹。慶長七年（一六〇二）、七五歳で没した徳川家康の生母於大《おだい》の方《かた》の菩提寺で、その法名を取って伝通院と称した。徳川将軍家の菩提所として、芝の増上寺、上野の寛永寺と並んで「江戸の三霊山」と称された。将軍家の帰依も厚く、江戸時代には多くの堂宇や学寮を有して威容を誇った。当時は浄土宗の関東一八檀林（仏教学問所）の一つと定められ、常時一〇〇〇人もの学僧が修行していたという。幕末期、新選組の前身である浪士組が塔頭の処静院で結成されている。本堂裏の墓地には、巨大な五輪塔の於大の方の墓や、将軍秀忠の娘で豊臣秀頼に嫁いだ千姫、浪士組結成の中心人物であった志士・清河八郎、詩人佐藤春夫らの墓がある。

●所在地 / 文京区小石川 3-14　●交通 / 地下鉄三田線・大江戸線春日駅・丸ノ内線・南北線後楽園駅から徒歩 10 分　▶ MAP 44 頁　●拝観境内自由・6 時 30 分～17 時 30 分

21 小石川植物園

地図 ハ-二

徳川幕府が設けた日本最古の植物園がルーツ

東京大学の附属植物園。日本でもっとも古い植物園であり、貞享元年（一六八四）に徳川幕府が設けた小石川御薬園と小石川養生所が前身。青木昆陽《あおきこんよう》が甘藷を試作し、小川笙《おがわしょう》船《せん》が貧民の医療にあたった施設としても知られ、養生所の井戸が保存されている。

明治一〇年（一八七七）、東京大学が設立された直後に附属植物園となり、同時に一般にも開放されている。現在、約一万六〇〇〇㎡の園内には約四〇〇〇種の植物が栽培されており、桜・椿など四季折々に花が咲く。約一〇〇〇㎡の広い温室には、亜熱帯の野生植物約一五〇〇種余りを育成。植物園本館には植物標本約七〇万点が収蔵されている。また日本庭園もあり、池畔には旧東京医学校本館（国重文）が移築されている。

●所在地 / 文京区白山 3-7　●交通 / 地下鉄三田線白山駅から徒歩 10 分 ▶ MAP 44 頁　●入園 /500 円・月曜（祝日の場合翌日）・年末年始休・9 ～ 16 時 30 分

22 六義園《りくぎえん》

地図 八-一

柳沢吉保《よしやす》が自ら設計し、七年の歳月をかけて造園

元禄八年（一六九五）、五代将軍・徳川綱吉の側用人・柳沢吉保が、下屋敷に自ら設計監督して造った庭園。平坦な武蔵野の一隅だったため、造園にあたっては、七年の歳月をかけて池を掘り、山を築き、千川上水の水を引くという大規模工事が行われた。典型的な回遊式築山泉水庭園で、池の周囲にめぐらした園路を散策しながら、移り変わる景色が楽しめる。庭園が完成すると将軍綱吉も頻繁に来訪し、その回数は記録されているだけでも五八回を数えている。明治初年には三菱財閥の創業者・岩崎弥太郎の所有となり、昭和一三年（一九三八）に東京市に寄贈されている。園内には梅や椿・枝垂桜・泰山木・萩など花木が多く、秋は楓の紅葉が美しい。また冬にはカモ・オシドリなどが飛来する。国特別名勝。

●所在地／文京区本駒込 6-16　●交通／JR 山手線、地下鉄南北線駒込駅から徒歩 7 分　▶ MAP 44 頁　●入園／300 円・年末年始休・9 ～ 17 時

23 旧古河庭園

地図 ロ-一

石造りの西洋館とバラ園で知られる庭園

もと明治の元勲・陸奥宗光の屋敷地で、次男の潤吉が古川財閥創業者・古川市兵衛の養子となったため、邸宅の敷地は古河財閥に所有が移っている。映画やテレビのロケ地として使われる西洋館と庭園は、古河財閥三代目・古川虎之助によって造られたもの。北側の小高い丘に洋館を建て、それを背景とした斜面にバラとツツジの洋風庭園を配し、南の低地は池泉回遊式日本庭園となっている。大正六年（一九一七）に建てられた石造りの洋館は、鹿鳴館や御茶ノ水のニコライ堂（国重文）を設計したジョサイア・コンドルの作品。日本庭園は近代日本庭園の先駆者として数多くの名園を手掛けた七代目小川治兵衛（植治）による作庭だ。現在は都立公園として公開。

●所在地 / 北区西ヶ原 1-27　●交通 /JR 山手線駒込駅から徒歩 12 分、地下鉄南北線西ヶ原駅から徒歩 7 分　▶ MAP 44 頁　●入園 /150 円・年末年始休・9 ～ 17 時

24 染井霊園

地図 ロ-一

桜を代表するソメイヨシノは、ここが発祥の地

もと播州林田藩一万石建部家の下屋敷で、明治七年（一八七四）に公営墓地として開設。面積は約七ヘクタール、園内にはおよそ五五〇〇基の墓があり、八カ所ある都立霊園の中では、もっとも規模が小さい。松浦武四郎・岡倉天心・高村光太郎・智恵子夫妻ほか、幕末から現代に至る政治家・文学者・芸術家の墓が多い。桜を代表するソメイヨシノは、この辺が発祥の地として知られる。江戸時代、染井村周辺には植木屋が多く、ここで品種改良された桜がソメイヨシノとして広まったといわれ、園内には見ごとな桜並木がある。また隣接する本妙寺に遠山金四郎、慈眼寺に芥川龍之介、谷崎潤一郎らが眠るほか、岩崎弥太郎の墓がある岩崎家の墓地もある。

●所在地 / 豊島区駒込 5-5　●交通 /JR 山手線巣鴨駅から徒歩 10 分。または地下鉄三田線巣鴨駅から徒歩 6 分　▶ MAP 44 頁　●参拝園内自由

25 飛鳥山公園（王子神社・王子稲荷神社）

地図 ロ-一

江戸っ子が花見を楽しんだ江戸随一の桜の名所

八代将軍・徳川吉宗が享保の改革の施策の一つとして、庶民の行楽の地とするため、この地に山桜を植え、江戸随一の桜の名所としたことで有名。当時、上野などの桜の名所で禁止されていた酒宴や仮装が容認されていたため、江戸っ子たちで大いに賑わった。現在はツツジやアジサイも多く、開花期には大勢の花見客が訪れる。園内には噴水や北区飛鳥山博物館・紙の博物館・渋沢史料館などがある。かつては敷地内に渋沢栄一の邸宅があり、本邸は戦災で焼失してしまったが庭園と青淵文庫（国重文）などの建物が残される。また飛鳥山の近くには王子神社・王子稲荷神社・金剛寺といった古社寺があり、参詣・行楽をかねた歴史散歩も楽しめる。

●所在地 / 北区王子 1-1　●交通 /JR 京浜東北線王子駅からすぐ。または地下鉄南北線王子駅から徒歩 2 分　▶ MAP 44 頁　●入園 / 無料・無休

歌川広重「江戸名所　飛鳥山花見之図」

26

鬼子母神

地図 イ-ニ

江戸初期に建立の豪華な彫刻が施された社殿が圧巻

古いもので樹齢四〇〇年といわれる壮麗なケヤキ並木の先にある。日蓮宗法明寺の飛地境内にある仏堂で、本尊の鬼子母神は子育て・安産の神として有名。当地に堂宇が建てられたのは安土桃山時代の頃で、江戸時代は将軍家や加賀前田家に崇敬され、庶民の信仰も厚かった。境内に入ると樹齢七〇〇年という大イチョウの茂る奥に、寛文六年（一六六六）前田利常の三女満姫《まんひめ》の寄進と伝わる重厚な鬼子母神堂が建つ。華麗な彫刻が施された社殿は国の重要文化財。行事では一〇月一六～一八日に行われる御会式が知られ、毎夜万灯練供養がある。一〇〇〇人の子供がいた鬼子母神にあやかった「おせん団子」と参詣土産の「すすきみみずく」でも知られる。

●所在地 / 豊島区雑司が谷 3-15　●交通 / 地下鉄副都心線雑司が谷駅・東京さくらトラム鬼子母神前駅から徒歩 3 分　▶ MAP 44 頁　●拝観境内自由

27 雑司ケ谷霊園

地図 ロ-ニ

夏目漱石や永井荷風など数多くの文豪・芸術家が眠る

江戸時代、この辺りは御料地となっており、三代将軍家光の寛永一五年（一六三八）に薬草栽培の御薬園があった。八代将軍吉宗の享保四年（一七一九）には、将軍の鷹狩りに使う鷹の世話をする〈御鷹部屋御用屋敷〉が置かれていた場所である。御鷹部屋時代の松の大木が、現在も霊園内に残されている。維新後一帯を東京府が引き継ぎ、明治七年（一八七四）に公営の共同埋葬墓地となった。園内にはケヤキの古木やイチョウ並木が茂り、文学好きには、夏目漱石・永井荷風・泉鏡花といった文豪の探墓は欠かせない。その他、小泉八雲・ジョン万次郎・小栗《おぐり》忠順《ただまさ》（上野介）・金田一京助・尾上菊五郎・竹久夢二・大川橋蔵ら、数多くの著名人がここに眠っている。

●所在地 / 豊島区南池袋 4-25　●交通 /JR 山手線大塚駅乗り換え、東京さくらトラム雑司ヶ谷駅から徒歩 2 分　▶ MAP 44 頁

28

護国寺

地図 ロ-二

徳川綱吉が生母・桂昌院のために創建した祈願寺

天和元年（一六八一）、五代将軍・徳川綱吉が、生母桂昌院の祈願寺として創建した寺で、真言宗豊山派の大本山。如意輪観音を本尊としている。不老門を潜って石段を登りつめると、正面に入母屋造りの堂々とした本堂が建つ。本堂の建物は元禄一〇年（一六九七）の造営で、昭和三年（一九二八）に滋賀県の園城寺（三井寺）の客殿を移築した月光殿とともに国の重要文化財に指定されている。江戸時代には五万坪の境内地を誇ったが、明治になり東側半分に宮家の墓地が造られ、西側は陸軍用墓地となり、境内は二万坪ほどに縮小している。本堂裏の墓地には、松平不昧公の墓があるほか、大隈重信・山形有朋・三条実美・ジョサイア・コンドルなど名士の墓が多い。

●所在地 / 文京区大塚 5-40　●交通 / 地下鉄有楽町線護国寺駅からすぐ
▶ MAP 44 頁　●拝観境内自由

29 肥後細川庭園（椿山荘）

地図 ロ-二

鬱蒼とした緑に囲まれた細川侯爵家の屋敷跡

もと熊本藩細川家の下屋敷があったところで、昭和二五年（一九五〇）までは、細川侯爵家が本邸を構えていた。鬱蒼とした森を成す目白台の斜面に位置し、その低地に池泉回遊式庭園が広がる。園内は花木が多く、梅・桜・山吹・木蓮などが季節を彩り、秋は楓の紅葉が素晴らしい。敷地に隣接してある永青文庫では、七〇〇年あまりの伝統を持つ細川家の歴史資料や美術品などの文化財を一般に公開している。文庫の建物は細川侯爵家の家政所（事務所）として昭和初期に建てられたもの。またすぐ隣には、久留里藩黒田家の下屋敷跡で、明治になり山形有朋の邸宅だった林泉庭園が見ごとな椿山荘や、一時期、松尾芭蕉が住んでいた関口芭蕉庵がある。

●所在地 / 文京区目白台 1-1　●交通 / 東京さくらトラム早稲田駅から徒歩 5 分
▶ MAP 44 頁　●入園 / 無料・年末年始休・9 ～ 16 時 30 分

王子神社
おうじ
石神井川
25飛鳥山公園
かみなかざと
おじ
明治通り
JR 京浜東北線
西ヶ原
西巣鴨
旧古河庭園
東京さくらトラム
慈眼寺
本妙寺
南北線
24染井霊園
三田線
白山通り
JR 山手線
すがも
こまごめ
六義園

丸ノ内線
中央大学
春日通り
春日
白山通り
後楽園
文京区役所
大江戸線
19小石川後楽園
南北線
東京ドーム
三田線
飯田橋
外堀通り
水道橋
首都高速5号池袋線
JR中央線
飯田橋
すいどうばし

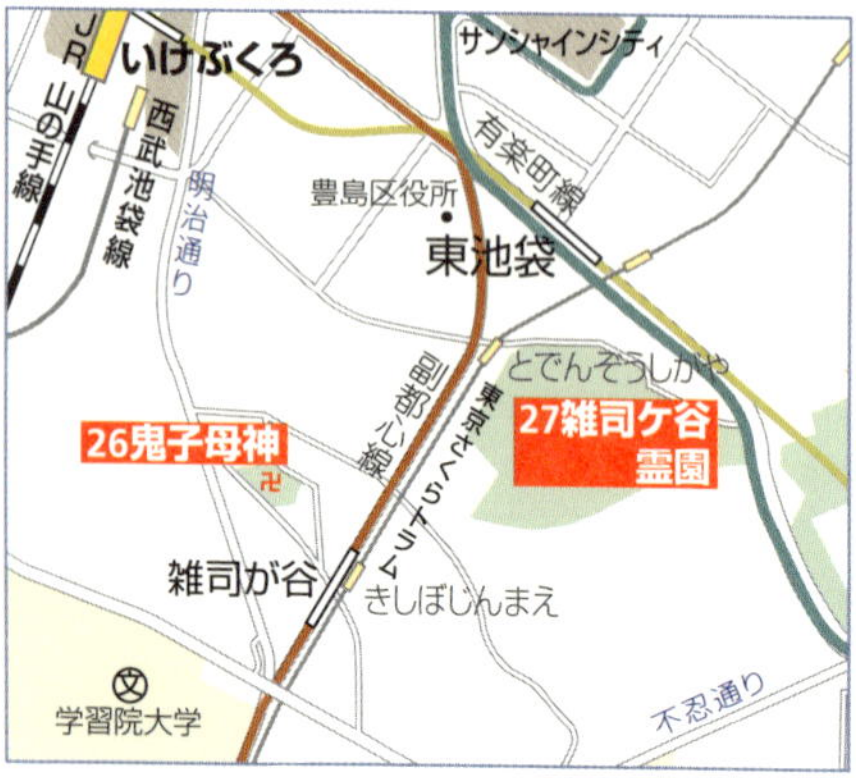

JR山の手線
いけぶくろ
サンシャインシティ
西武池袋線
明治通り
有楽町線
豊島区役所
東池袋
副都心線
東京さくらトラム
とでんぞうしがや
26鬼子母神
27雑司ケ谷霊園
雑司が谷
きしぼじんまえ
学習院大学
不忍通り

白山
21小石川植物園
小石川消防署
小石川図書館
共同印刷
白山通り
三田線
小石川郵便局
20伝通院
春日通り
丸ノ内線
こんにゃくえんま
礫川小学校
中央大学
首都高速5号池袋線
春日

雑司ケ谷霊園
豊島ケ岡御陵
28護国寺
日大豊山高·中
護国寺
お茶の水女子大学
不忍通り
講談社
有楽町線
日本女子大学
首都高速5号池袋線
音羽通り
目白通り
29肥後細川庭園
神田川
椿山荘
わせだ

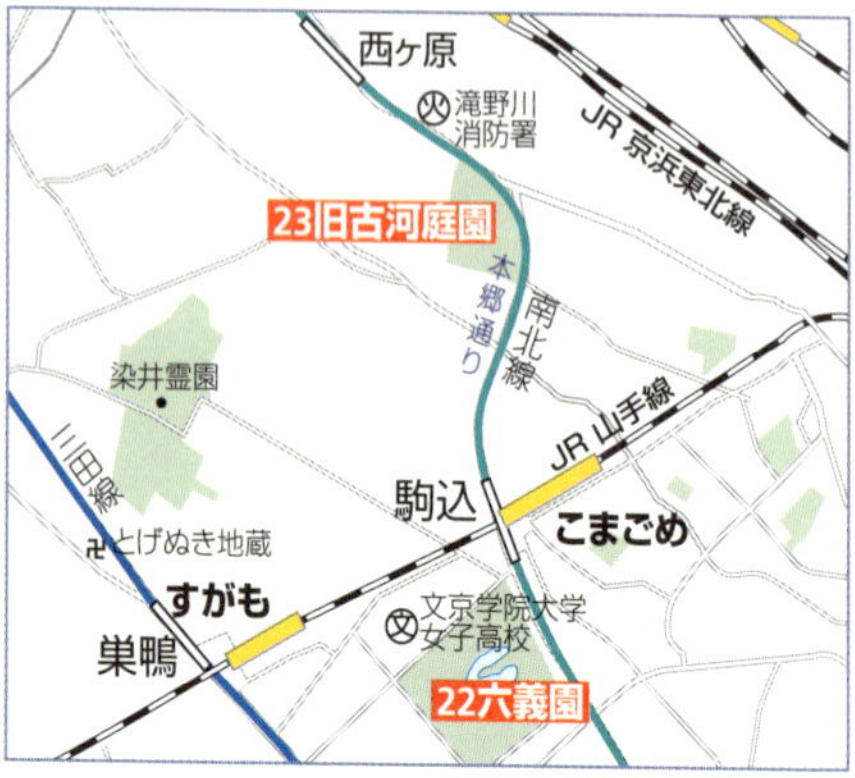

西ヶ原
滝野川消防署
JR 京浜東北線
23旧古河庭園
本郷通り
南北線
染井霊園
三田線
JR 山手線
駒込
こまごめ
とげぬき地蔵
すがも
巣鴨
文京学院大学女子高校
22六義園

新宿御苑・明治神宮周辺

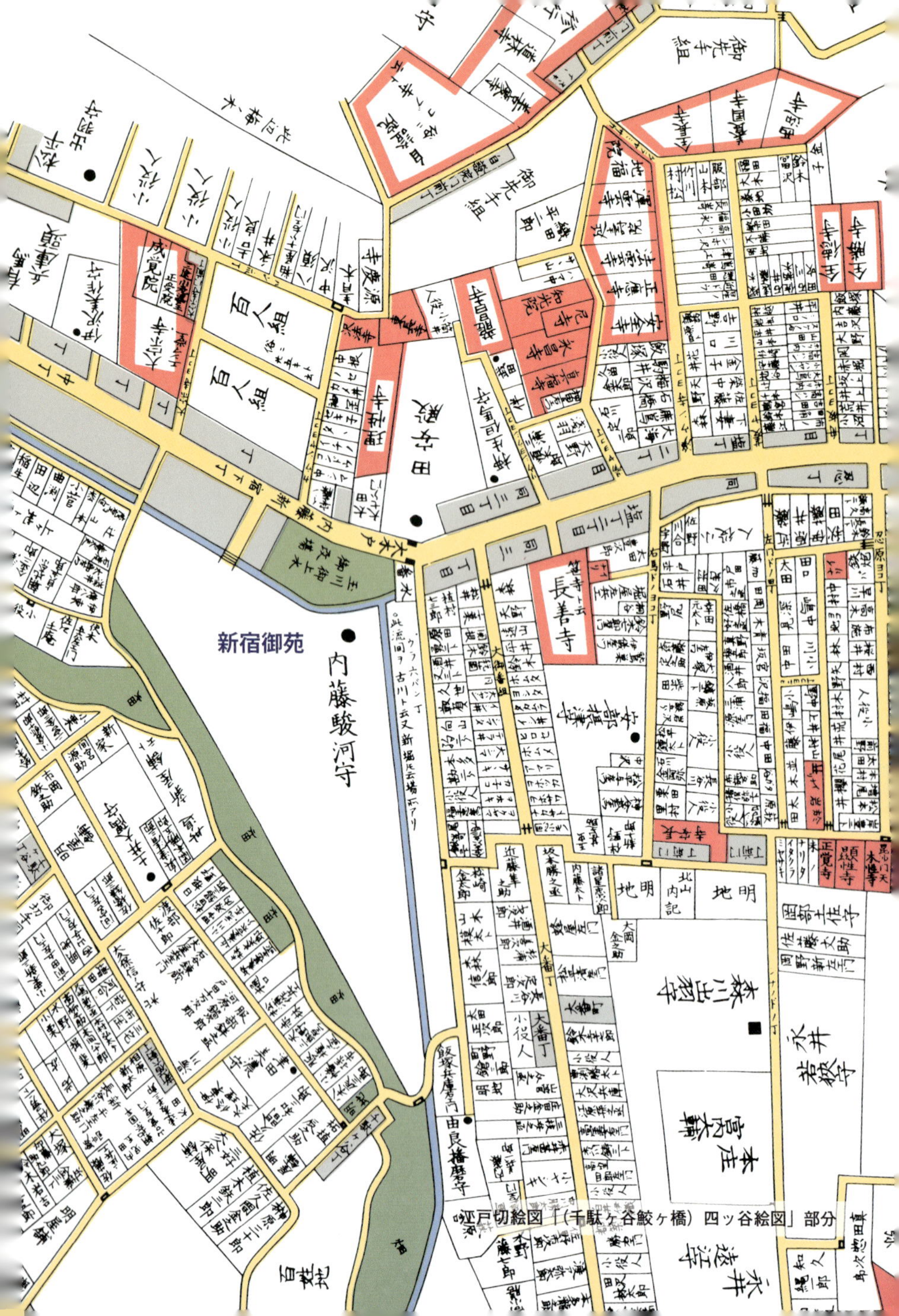

江戸切絵図「(千駄ヶ谷鮫ヶ橋) 四ッ谷絵図」部分

30 新宿御苑

地図 イ-四

春には花見の名所として知られる広大な庭園

もと信濃高遠藩内藤家の下屋敷跡。明治三九年（一九〇六）に誕生した皇室庭園で、戦後の昭和二四年（一九四九）に一般に開放。現在は環境省所管の国民公園となっている。約五八万㎡の広大な面積を持ち、苑内は四つの池と、日本・イギリス・フランス式庭園に分かれており、旧洋館御休憩所、旧御涼亭など、皇室の伝統を受け継ぐ貴重な建物も多く残される。一樹で森を成すようなハルニレや、ユリノキ、プラタナスといった巨木が多いことが特徴で、天にのびるプラタナス（スズカケノキ）並木も美しい。四季折々に花が絶えないが、とくに桜は、二月上旬の寒緋桜から四月下旬の八重桜まで楽しめる。大温室もあり、洋ランや食虫植物などが栽培されている。

●所在地 / 新宿区内藤町 11　●交通 / 地下鉄丸ノ内線新宿御苑前駅、または JR 中央線千駄ヶ谷駅下車　▶ MAP 56 頁　●入苑 /500 円・月曜（祝日の時は翌日）・年末年始休・9 ～ 16 時 30 分

31 甘《かん》泉《せん》園《えん》公園

地図 イ-三

御三卿・清水家の下屋敷跡に造られた日本庭園

江戸時代は尾張藩徳川家の拝領地となっており、その後、徳川御三卿の一つ清水家一〇万石の下屋敷が置かれていた場所。明治時代は相馬子爵家が邸宅を構え庭園として整備。現在は区立公園となっている。園名の由来は、ここの湧き水がお茶に合うことから起こったという。池を中心とした回遊式庭園で、梅・ツツジ・シャガなどが咲き、池畔に垂れる柳も風情がある。また公園に隣接する水神社境内には、早大構内から、富士登山七五回の大先達・日行が築いた富士塚が移築されている。水神社は神田上水開削以来の関口水門の守護を司る神社。ここに水神を祀れば、神田上水と江戸市中を守護するというお告げがあったことから、この地に祀られたという。

●所在地 / 新宿区西早稲田 3-5　●交通 / 東京さくらトラム面影橋、または早稲田駅から徒歩 7 分　▶ MAP 56 頁　●入園 / 無料・無休

32 戸山公園

地図 イ-三

今なお、鬱蒼とした緑が残る尾張徳川家の大名庭園跡

江戸時代、尾張藩徳川家の広大な下屋敷があったところで、別称を戸山山荘といった。二代藩主・光友は、この屋敷に巨大な池を掘り、その周囲に多くの堂塔を建て、築山や田畑を配した大庭園を造ったという。庭園は江戸から尾張を経て、京に至る東海道を再現した回遊式庭園であった。現在は唯一箱根山（標高四四・六m・二三区内の最高峰）に当時を偲ぶだけだが、園内には桜や椿・ツツジ・レンギョウといった花木が多く、四季折々に花が楽しめる。明治維新後は、ここに陸軍戸山学校が開かれ、一帯は軍医学校、練兵場などに利用された。太平洋戦争後、軍の施設はすべて廃止され、団地、学校などを建設。一部が戸山公園として一般に開放されている。

●所在地／新宿区大久保 3、戸山 2　●交通／地下鉄副都心線西早稲田駅から徒歩 6 分。箱根山へは地下鉄東西線早稲田駅から徒歩 12 分　▶ MAP 56 頁　●入園／無料・無休

33 明治神宮

地図 イ-四

鬱蒼とした神宮の森は全国からの勤労奉仕によって造られた

もと加藤清正の子・忠広の下屋敷があったところで、のち彦根藩三五万石井伊家の下屋敷となっていた。現在は明治天皇と昭憲皇太后を祀る明治神宮の境内で、鬱蒼とした森が広がる。現在の姿からは想像もつかないが、明治神宮ができる以前は荒れ地のような景観が広がる場所だった。「永遠の森」を目指した壮大な計画の下に造営工事が行われ、全国から寄せられた約一〇万本もの献木と、のべ一一万人におよぶ青年団によって造られた人口林である。荘重な社殿の南側に位置する御苑は、南池を中心とする花菖蒲の名所として知られる。創建時の社殿は戦災で焼失、現在の社殿は昭和三三年（一九五八）に復興造営されたもの。明治神宮ミュージアムに収蔵品が保存・展示されている。

●所在地 / 渋谷区代々木神園町 1　●交通 /JR 山手線原宿駅から徒歩 1 分。または小田急線参宮橋駅から 2 分　▶ MAP 56 頁　●御苑 / 入苑料 500 円・無休・9 ～ 16 時

34 代々木公園

地図 イ-五

陸軍練兵場、オリンピック選手村を経て整備された公園

明治神宮内苑の南側に接する都立公園。かつては陸軍代々木練兵場だった場所で、戦後は米軍の宿舎敷地(ワシントンハイツ)となっていた。昭和三十九年(一九六四)東京オリンピックの際には選手村として使用され、その跡地を造成して、昭和四二年(一九六七)に開園した。敷地はおよそ東京ドーム一一個分の広さがあり、森林公園となっているA地区とスポーツ施設・イベントホールなどがあるB地区に分かれている。園内には散策道が四通八達しており、ニセアカシア・ヒマラヤスギ・ユリノキなどの森林浴が楽しめる。中央広場は大芝生広場で、桜をはじめハナミズキ・キンモクセイなどの花木も多い。開放された屋外バスケットボールコートやサイクリングコースもある。

●所在地/渋谷区神南2・代々木神園町　●交通/地下鉄千代田線代々木公園駅、または明治神宮前駅下車すぐ　▶MAP 56頁　●入園/無料・無休

35 明治神宮外苑

地図 ロ-四

明治神宮と対照的なスポーツ・文化施設が集合する洋風公園

江戸時代、日向飫肥《おび》藩（宮崎県）伊東家の下屋敷や与力同心らの組屋敷があったところ。維新後は陸軍の青山練兵場となり、明治神宮造営の際その外苑として全国民からの寄付金と献木、青年団の勤労奉仕により整備された。整備が終了したのは大正一五年（一九二六）のこと。神宮外苑のシンボルともいえる聖徳記念絵画館は、明治天皇・昭憲皇太后の遺徳を顕彰するもので、天皇の事績を表現する全八〇枚の絵画が展示されている。

約三〇〇メートル続くイチョウ並木の景観も東京名所の一つとして知られ、苑内には明治記念館、明治神宮野球場、日本青年館の施設があるほか、隣接して国立競技場、秩父宮ラグビー場がある。

●所在地／新宿区霞ヶ丘1 ●交通／JR中央線信濃町駅からすぐ。または地下鉄大江戸線・半蔵門線・銀座線青山一丁目駅から徒歩3分 ▶MAP 56頁

36 赤坂御苑

地図 ロ-四

園遊会会場として知られる、池を中心とした回遊式庭園

正式には赤坂御用地と呼ばれる。広大な敷地は、江戸時代に紀州藩徳川家五五万五千石の中屋敷があったところ。明治六年(一八七三)、皇居が炎上したため、明治天皇が移られて、明治二一年(一八八八)に新皇居(明治宮殿)が完成するまでの間、ここが仮皇居となった。

現在は赤坂御所をはじめ、秋篠宮邸、三笠宮邸、高円宮邸、三笠宮東邸など皇族方が邸宅を構え、一角に国賓をお迎えする白亜の迎賓館(旧赤坂離宮)が建つ。建物は鹿鳴館などの設計で知られるジョサイア・コンドルの弟子にあたる片倉東熊の設計で明治四二年(一九〇九)に建設されたもの。日本では唯一のネオ・バロック様式による宮殿建築物。本館、庭園、和風別館が参観可能。

●所在地/港区元赤坂2-1　●交通/JR中央線・地下鉄丸ノ内線・南北線四ッ谷駅から5～7分　▶MAP 56頁

37 青山霊園

地図 ロ-五

政治家や軍人、文学者など多くの著名人が眠る

江戸時代、美濃郡上藩（岐阜県）青山家の下屋敷があったところ。明治七年（一八七四）、その跡地に公営墓地が開設された。埋葬者の中には大久保利通・山本権兵衛・乃木希典・秋山真之・秋山好古ほか近代国家成立に奔走した政治家や軍人が多い。また尾崎紅葉・岡本綺堂・志賀直哉といった小説家も眠っているほか、忠犬ハチ公などの墓もあることから、探墓散策を楽しむ人の姿も多く見受けられる。園内を南北に貫通する道路が桜並木となっているほか、各所に桜が植えられており、都内有数の桜の名所として知られ花見の季節には大勢の見物客が訪れる。青山陸橋から園内に続く広い道路には、エンジュの並木があり、夏は緑陰の散策が清々しい。

●所在地 / 港区南青山 2-32　●交通 / 地下鉄千代田線乃木坂駅から徒歩 3 分。または同半蔵門線・銀座線・大江戸線青山一丁目駅から 6 分　▶ MAP 56 頁

38 赤坂氷川神社

地図 ロ-五

江戸名所図会にも載る由緒ある神社

創立の起源は天暦五年（九五一）と伝えられる由緒ある古社。現社殿のある場所は元禄の頃、備後三次藩浅野家の下屋敷（瑶泉院の実家である浅野土佐守邸）があったところで、刃傷事件後、浅野内匠頭の夫人・瑶泉院がここに預けられた。大石内蔵助が討ち入り前に訪れて、別れを告げたと伝えられる。また幕末には勝海舟が当社の境内裏に住んでいた。境内には四社の稲荷を遷座合祀した稲荷神社があり、勝海舟によって『四合（しあわせ）稲荷』と称えられた。ビルに囲まれた敷地内は、梅・桜が目立ち樹齢四〇〇年の大イチョウが茂る閑寂境で、参道の奥に銅板葺きの拝殿や、一間社流造りの本殿が鎮座する。八代将軍・徳川吉宗の建立だが、ともに簡素な建物である。

●所在地 / 港区赤坂 6-10 ●交通 / 地下鉄千代田線赤坂駅から徒歩 13 分。または同大江戸線六本木駅から 17 分 ▶ MAP 56 頁 ●拝観境内自由

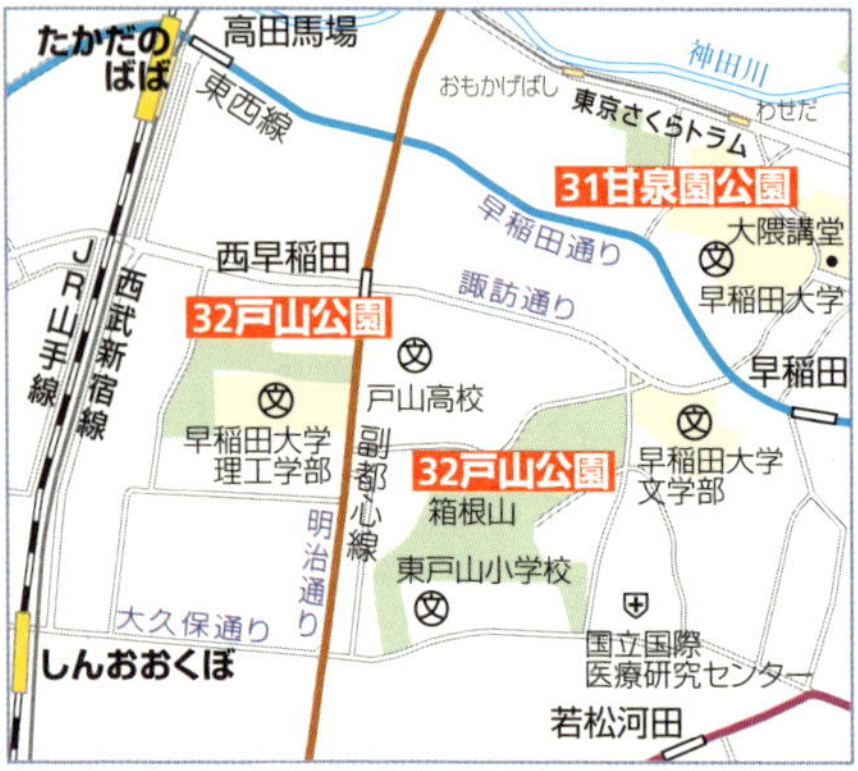
たかだのばば
高田馬場
東西線
神田川
おもかげばし
東京さくらトラム
わせだ
31甘泉園公園
大隈講堂
早稲田通り
西早稲田
JR山手線
西武新宿線
32戸山公園
諏訪通り
早稲田大学
早稲田
戸山高校
早稲田大学
理工学部
副都心線
32戸山公園
箱根山
早稲田大学
文学部
明治通り
東戸山小学校
大久保通り
しんおおくぼ
国立国際
医療研究センター
若松河田

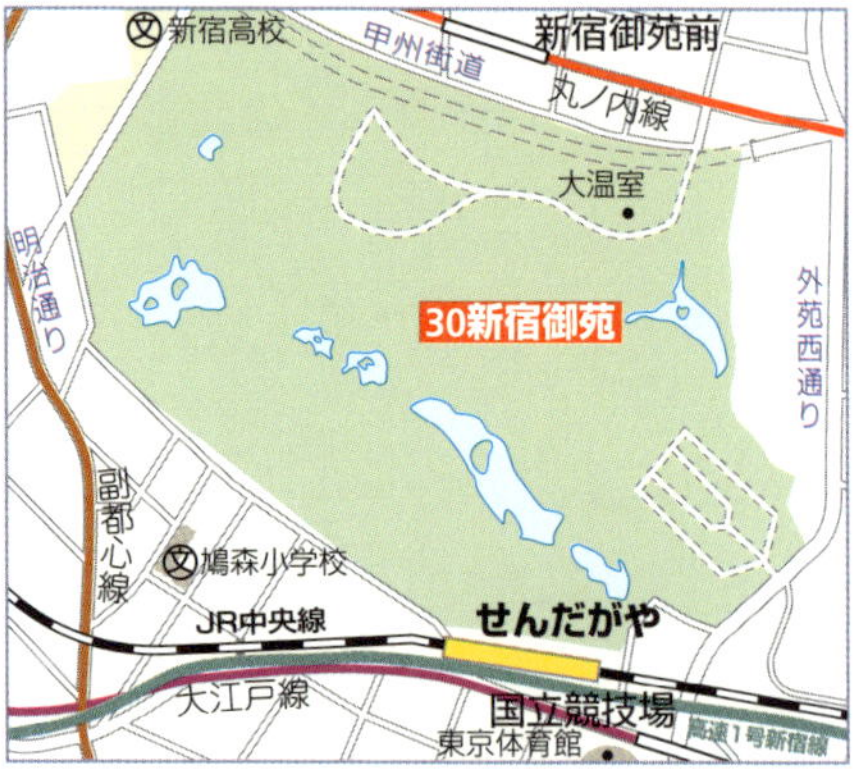
新宿高校
甲州街道
新宿御苑前
丸ノ内線
大温室
明治通り
外苑西通り
30新宿御苑
副都心線
鳩森小学校
JR中央線
せんだがや
大江戸線
国立競技場
東京体育館
高速4号新宿線

よつや
四ツ谷
新宿御苑
ホテルニューオータニ
上智大学
しなのまち
慶應義塾大病院
JR中央線
南北線
丸ノ内線
首都高速4号新宿線
迎賓館
国立競技場
絵画館
国立競技場
35明治神宮外苑
36赤坂御苑
大江戸線
外苑東通り
青山一丁目
銀座線・半蔵門線
赤坂
警察署
明治公園
神宮球場
高橋是清翁
記念公園
秩父宮ラグビー場
青山通り

首都高速4号新宿線
さんぐうばし
JR山手線
首都高速中央環状線
小田急小田原線
オリンピック記念
青少年総合センター
御社殿
33明治神宮
明治神宮
文化館
代々木
八幡神社
34代々木公園
明治神宮
ミュージアム
東郷神社
よよぎ
はちまん
はらじゅく
明治
神宮前
千代田線
代々木公園
陸上競技場
第一体育館

青山一丁目
赤坂
半蔵門線
銀座線
山王病院
大江戸線
38赤坂
氷川神社
千代田線
乃木坂
檜町公園
37青山霊園
50東京
ミッドタウン
国立新美術館
青山公園
六本木
首都高速3号渋谷線
六本木通り
外苑西通り
外苑東通り
日比谷線
49六本木ヒルズ

◆増上寺・国立自然教育園周辺

江戸切絵図「目黒白金図」部分

39

目黒不動尊

地図 ロ-七

将軍家の庇護を受けて興隆を極めた江戸鎮護の五色不動の一つ

平安時代の初期、慈覚大師円仁の開創と伝えられる天台宗の古刹で、正式には泰叡《たいえい》山瀧泉寺《ざんりゅうせんじ》という。江戸時代は三代将軍・徳川家光の庇護を受けて寺運は隆盛。境内には五〇棟余りにおよぶ伽藍が建ち並び、「目黒御殿」と称せられるほどの興隆を極めた。本尊は不動明王で江戸鎮護の五色不動の一つに定められている。また湯島天満宮、谷中感応寺と並んで「江戸の三富」と呼ばれた富くじ興行でも賑わった。現在は江戸期の伽藍は戦災を免れた前不動堂を残すのみだが、昭和再建の丹塗りの大本堂や仁王門・阿弥堂・観音堂などが建ち、独鈷の滝と呼ばれる霊泉が落下している。また裏の墓地に、甘藷（薩摩芋）栽培を広めた青木昆陽の墓がある。

●所在地 / 目黒区下目黒 3-20　●交通 / 東急目黒線不動前駅から徒歩 15 分　●拝観境内自由　▶ MAP 76 頁　●不動縁日・甘藷祭り（毎年 10 月 28 日）

40

国立自然教育園（東京都庭園美術館）

地図 ロ-六

豊かな自然が残る、都会の中の貴重な森林緑地

正式名称は国立科学博物館 附属自然教育園。園内一帯は〈白金長者〉の館跡と伝えられ、当時の館周辺に築かれた土塁などが残される。江戸時代は徳川光圀の兄にあたる高松藩一二万石・松平讃岐守頼重の下屋敷があったところ。園内に残る「物語の松」や「おろちの松」などの老木は、当時の庭園の名残であろうと推測されている。維新後は海軍や陸軍の火薬庫として利用された。大正時代には白金御料地とされ、一般の立ち入りを禁止されたが、戦後に国立自然教育園として一般に公開された。園内は鬱蒼とシイやケヤキが繁茂する緑地帯で、湧水池や湿地も自然の姿で保護されている。隣接してアール・デコ様式の旧朝香宮邸を利用した東京都庭園美術館がある。

●所在地／港区白金台5-21　●交通／JR山手線・東急目黒線目黒駅から徒歩9分・地下鉄南北線・三田線白金台駅から徒歩7分　▶MAP 76頁　●入園／大人320円・月曜・年末年始休・9～16時30分（季節により変動あり）

41 池田山公園

地図 ロ-七

三一万五〇〇〇石、岡山藩池田家の下屋敷跡に造られた公園

この辺りの高台はかつて霞ガ崎と呼ばれていたが、寛文一〇年（一六七〇）、備前岡山藩池田家が下屋敷を構えたことから、池田山と呼ばれるようになった。明治維新以後も池田家の屋敷地として使用されていたが、戦後は一時、個人の邸宅となっている。昭和六〇年（一九八五）、品川区が庭園保護を目的として土地を取得し、整備して区立公園として開園したものだ。現在の園地は、旧池田侯爵邸の奥庭だった所で、江戸時代からの池泉回遊式庭園がそのままに残されている。池田山の高低差を活かした造園で、池畔には枝ぶりの見事な庭木が配され、ソメイヨシノやツツジ・アジサイなどの花樹が多く、四季折々の花が美しい公園として親しまれている。

●所在地 / 品川区東五反田 5-4　●交通 /JR 山手線・地下鉄浅草線五反田駅から徒歩 15 分　▶ MAP 76 頁　●入園 / 無料・年末年始休・7 時 30 分〜 17 時

42 八芳園（瑞聖寺）

地図 ロ-六

天下の御意見番・大久保彦左衛門の屋敷だった

本図では瑞聖寺と道を隔てた空白の部分で、江戸時代は天下の御意見番・大久保彦左衛門（忠教）が老居後、薩摩藩島津家の抱屋敷となっていた。その後、島津氏の下屋敷を経て、明治時代には彰義隊の頭取も務めた渋沢喜作（成一郎・渋沢栄一の従兄）の所有となる。現在の形に建物や庭園が整備されたのは、大正時代のこと。戦後に八芳園となり、現在は料亭〈壺中庵《こちゅうあん》〉や茶室〈夢庵〉などを備えた結婚式場として知られ、木々の植込みの見事な池泉回遊式庭園がある。なお瑞聖寺は、江戸に創建された最初の黄檗宗寺院として有名。八芳園に隣接して建つシェラトン都ホテル東京の敷地は、元外務大臣の藤山愛一郎邸があった場所である。

●所在地 / 港区白金台 1-1　●交通 / 地下鉄三田線・南北線白金台駅から徒歩 1 分　▶ MAP 76 頁

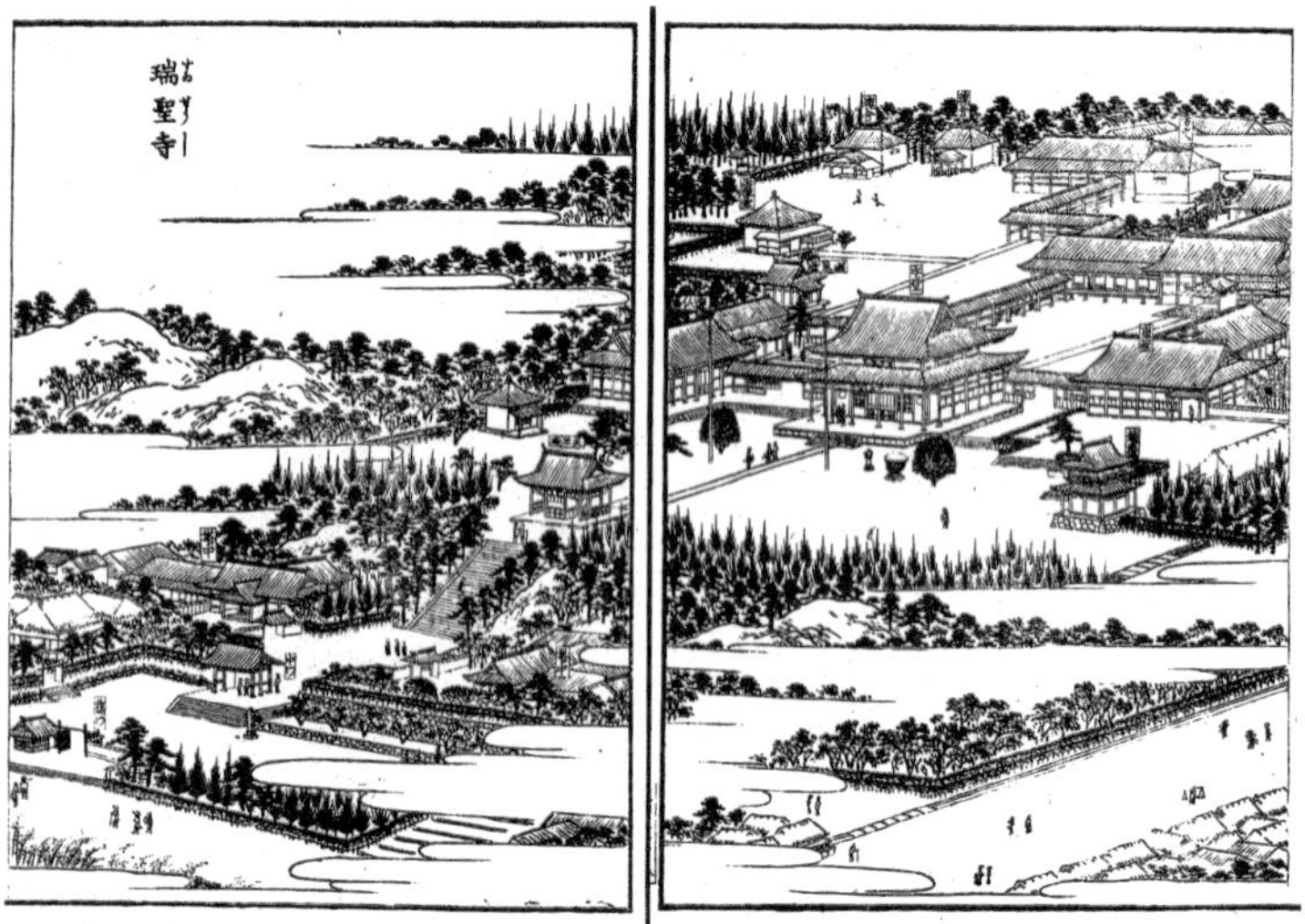

「江戸名所図会　瑞聖寺」

43 泉岳寺

地図 八-六

忠臣蔵四十七士と浅野内匠頭の墓所として知られる

曹洞宗江戸三カ寺の一つで、忠臣蔵四十七士と浅野内匠頭長矩の墓所（国史跡）としてあまりにも有名。寺の創建は慶長一七年（一六一二）のこと。徳川家康が幼年期に身を寄せた今川義元の菩提を弔うために、外神田に建立したのが始まりだ。三代家光の時に、江戸の大火によって伽藍が焼失し、高輪に移転した。再建には毛利・浅野・朽木・丹羽・水谷の五大名が尽力。この時から赤穂藩・浅野家の菩提寺となっている。境内には大石内蔵助の銅像や、赤穂義士の遺品を展示する赤穂義士記念館、吉良上野介の首洗井戸、義士の義挙に助力した天野屋利兵衛の碑など、義士関係の見どころが多い。また、参道左手の墓地に、大名墓が林立している。

●所在地／港区高輪 2-11　●交通／地下鉄浅草線泉岳寺駅から徒歩 1 分　▶ MAP 76 頁　●拝観 7 ～ 18 時（季節により変動あり）　赤穂義士記念館（大人 500 円・無休・9 ～ 16 時）（季節により変動あり）

44 東海寺

地図 八-七

徳川家光が沢庵《たくあん》禅師のために建立

臨済宗大徳寺派の禅刹で、山号は萬松山と号する。寛永一五年(一六三八)に三代将軍・徳川家光が沢庵禅師のために建立した。寺領五〇〇〇石、境内地四万七〇〇〇坪を賜り、江戸時代には別格本山格の大寺院として隆盛したが、維新後衰退し、現在は旧塔頭の玄性院が寺号を引き継いでいる。境内には裳階つきの禅宗様仏殿や、方丈・客殿・元禄五年に造られた梵鐘がある鐘楼などが建ち、ツツジの刈込みが美しい。東海道本線の西側に位置するかつての境内であった境外墓地(東海寺大山墓地)には、自然石を重ねた沢庵禅師の墓があるほか、国学者の賀茂真淵や日本鉄道の父と呼ばれる井上勝も眠っている。沢庵禅師と賀茂真淵の墓はともに国の史跡に指定。

●所在地/品川区北品川 3-11　●交通/京浜急行本線新馬場駅から徒歩 7 分。沢庵禅師の墓へはここからさらに 4 分　▶ MAP 76 頁　●拝観境内自由

45

品川寺《ほんせんじ》

地図
八-七

弘法大師によって平安時代初期に創建されたと伝わる古刹

寺伝によれば、弘法大師空海を開山とし、大同年間（八〇六～八一〇）の創建と伝えられる古刹。品川でもっとも古い歴史をもつ寺で、水月観音と聖観音を本尊としている。太田道灌により伽藍が整備されたが戦国時代の戦禍で焼失。江戸時代になって四代将軍・家綱より寺領四八〇〇石を拝領し大伽藍が建立された。現在は真言宗醍醐寺派の別格本山とされている。境内には長い寺歴を語る遺物が多く、寺に入るとすぐ目につく青銅製の地蔵菩薩坐像は、江戸六地蔵の第一番として名高い。また推定樹齢六〇〇年の大イチョウが山門を覆い、庚申塔や六地蔵塔、亀の台座に載る宝篋印塔などがある。鐘楼にかかるジュネーブ市より返還された〈洋行帰りの梵鐘〉も有名。

●所在地 / 品川区南品川 3-5　●交通 / 京浜急行本線青物横丁駅から徒歩 4 分
●拝観境内自由　▶ MAP 76 頁　●観音大祭（9 月第 4 日曜・柴燈大護摩と火渡りがある）

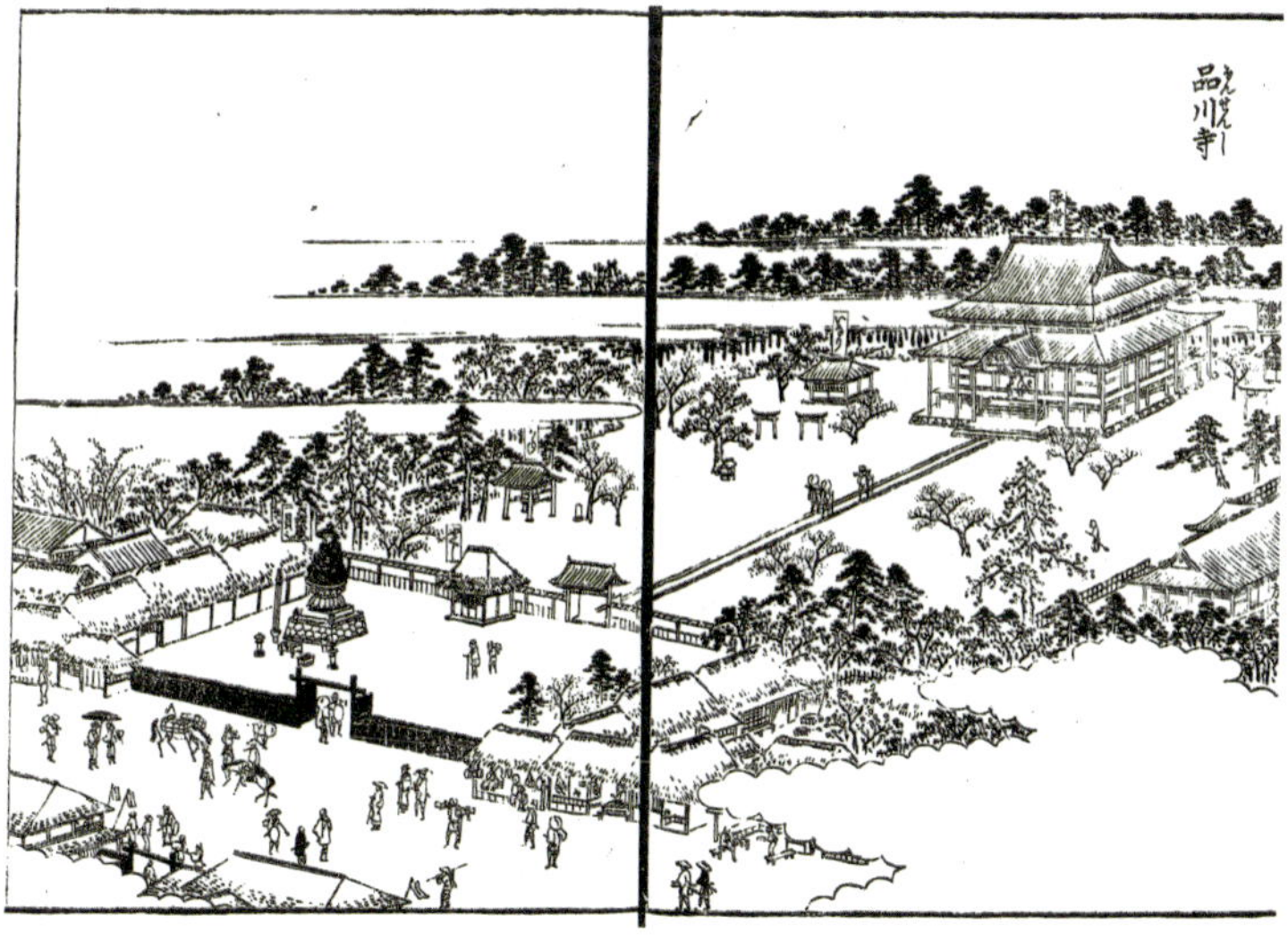

「江戸名所図会　品川寺」

46

有栖川宮記念公園

地図 ロ-五

旧盛岡藩南部家の下屋敷跡・池泉回遊式庭園

もと盛岡藩南部家の下屋敷があったところ。維新後は有栖川宮家、高松宮家の御用地となり、さらに東京市へ寄贈された。昭和五〇年（一九七五）に港区に移管されて、現在は区立公園となり多くの人に親しまれている。麻布台地の変化にとんだ地形を生かした公園で、大名庭園の面影を残す池泉回遊式庭園となっている。都心にありながら丘や渓流、滝などの景観が見られ、シイやケヤキなどが茂り緑も濃い。また梅・桜・椿・サザンカなどの花木も多く、秋の紅葉も美しいことで知られる。台地上のドイツ大使館に面した広場には、東征大総督として討幕に活躍した有栖川宮熾仁親王の銅像がある。敷地の東側高台には、東京都立中央図書館も併設されている。

●所在地 / 港区南麻布 5-7　●交通 / 地下鉄日比谷線広尾駅から徒歩 5 分
▶ MAP 76 頁　●入園 / 無料・無休

47 善福寺

地図 ロ-五

幕末に最初のアメリカ公使館が置かれた寺として名高い

平安時代、弘法大師空海の開創と伝えられる古刹。都内でも古い歴史を誇る寺の一つである。のちに親鸞聖人が留錫し、真言宗から浄土真宗に改められたという。江戸時代には将軍から寄進を受けるなど興隆を極めた。地名として残る虎ノ門は善福寺の山門で、杉並の善福寺池は奥ノ院跡といわれる。境内には空海の霊跡を伝える〈柳の井戸〉や、親鸞が自ら植えたと伝わる〈逆さイチョウ〉(国天然記念物)がある。また当寺は幕末に初代アメリカ合衆国公使館が置かれた所で、タウンゼント・ハリス公使の記念碑や公使と親交が深かった福沢諭吉の墓もある。現在の本堂は慶長一二年(一六〇七)に徳川家康が東本願寺八尾別院本堂として建立した建物を移築したものだ。

●所在地 / 港区元麻布 1-6　●交通 / 地下鉄南北線麻布十番駅から徒歩 6 分。または同大江戸線麻布十番駅から徒歩 10 分　▶ MAP 76 頁　●拝観日中

48

増上寺

地図 八-五

将軍家の菩提寺として寺領一万余石を誇った大寺院

明徳四年（一三九三）の開創と伝える浄土宗大本山。当初は現在の平河町から麹町の辺りにあったと伝わる。徳川家康の関東入府により、芝の地に移転。江戸鎮護の祈願寺、徳川将軍家の菩提寺として、上野の寛永寺と共に隆盛した。寺領は一万余石、二五万坪の境内を誇り「寺格百万石」とうたわれている。往時の大伽藍は昭和二〇年の大空襲で大半を焼失したが、大殿や安国殿など諸堂宇が再建され、大刹の風格は失っていない。戦災を免れた楼門建築の三解脱門は国の重要文化財で、本堂裏には徳川家の霊廟があり、二代秀忠・六代家宣・七代家継・九代家重・一二代家慶・一四代家茂の六人の将軍と家茂の正室・和宮が眠っている。

●所在地 / 港区芝公園 4-7　●交通 / 地下鉄三田線御成門駅から徒歩 3 分　●拝観 6 ～ 17 時 30 分（季節により変動あり）　▶ MAP 76 頁　●黒本尊祈願会（1・5・9 月の各 15 日）

歌川広重「東都名所　芝増上寺山内図」

49 六本木ヒルズ

地図 ロ-五

長府藩の上屋敷跡。乃木大将もここで生まれた

計画から約一七年の歳月を要して平成一五年（二〇〇三）に開業した六本木ヒルズの敷地は、江戸時代に長州藩の支藩である長門府中藩（長府藩）の上屋敷があったところ。明治以降、個人の邸宅だったが、戦災により、戦後はニッカウヰスキーの東京工場、NETテレビ（現テレビ朝日）などを経て現在に至る。元禄赤穂事件では吉良邸に討ち入った赤穂義士のうち、一〇名が長府藩お預かりとなり、ここにあった屋敷で切腹をした。また長府藩士の子供であった陸軍大将・乃木希典は藩邸内の侍屋敷で生まれ、幼少期をここで過ごしている。現在、敷地内に毛利庭園が設けられているが、こちらは以前の庭園遺構があった場所に造成されたものである。

●所在地 / 港区六本木 6-10-3　●交通 / 地下鉄日比谷線・六本木駅からすぐ、大江戸線・六本木駅から徒歩 5 分　▶ MAP 76 頁　●入園 / 無料・無休・7～23 時（毛利庭園）

50 東京ミッドタウン

地図 ロ-五

かつて防衛庁があった広大な敷地は長州藩の下屋敷跡

シンボルともいえる地上五四階・高さ二四八mのミッドタウン・タワーが建つ敷地には、かつて長州藩（萩藩）毛利家の下屋敷があり麻布屋敷と呼ばれていた。面積は三万三三〇〇坪におよぶ広大なもので、鬱蒼とした緑が広がっていたといわれる。敷地内には檜の大木が多いことから檜屋敷とも呼ばれ、檜町という町名の由来ともなっている。現在の「檜町公園」は、下屋敷の庭園だった「清水園」の名残である。維新後、一帯は陸軍歩兵連隊の駐屯地となり、戦後は一時期、米軍将校の宿舎だった。その後、霞が関から移った防衛庁が置かれ、江戸時代から四〇〇年あまり、一般には閉ざされた土地だったのである。二〇〇〇年、防衛庁が市ヶ谷に移転して、再開発された。

●所在地／港区赤坂 9-7-1　●交通／地下鉄大江戸線・六本木駅からすぐ、日比谷線六本木駅から徒歩 5 分　▶ MAP 76 頁　●入園／無料・無休（檜町公園）

51

愛宕《あたご》神社

地図 八-五

天然の山としては二三区内の最高峰・愛宕山山上に建つ

慶長八年（一六〇三）、徳川家康の命により愛宕山上に、江戸府内の火伏せの守護神として創建された。愛宕山は自然に形成された山としては、東京二三区内の最高峰（標高二五・七ｍ）。周囲にビルが無い江戸時代には、見晴らしの名所として見物客で賑わいをみせた。当時は東京湾から房総半島まで見渡すことができたといわれる。関東大震災・東京大空襲と二度の災禍を受けたため、今の拝殿・幣殿・本殿は戦後になっての再建だが、曲垣平九郎が将軍家光の命により、騎馬で上り下りしたという〈男坂〉は昔のまま。八六段の急勾配の石段で「出世の石段」と呼ばれている。秋は石段途中の大楓の紅葉が素晴らしい。境内には池や茶屋もあり、梅・桜・ボタン・フジなどの花も楽しめる。

●所在地 / 港区愛宕 1-5　●交通 / 地下鉄日比谷線神谷町駅から徒歩 5 分
▶ MAP 76 頁　●千日詣り（6 月 23・24 日・縁起物のほおづきを売る店が出る）

歌川広重「東都名所　芝愛宕山上見晴之図」

52

旧芝離宮恩賜庭園

地図 八-五

大久保忠朝が作庭した江戸初期の大名庭園

江戸時代初期に海面を埋め立てた土地を、老中だった小田原藩主・大久保忠朝が拝領し、上屋敷としたところ。屋敷を建てる際に、地元・小田原から庭師を呼び寄せ作庭したといわれる。池を中心とした回遊式泉水庭園で〈楽寿園〉と称された。幕末には紀州徳川家の浜屋敷となり、維新後は宮内庁に所管が移行し芝離宮として使用された。大正時代に皇太子（昭和天皇）のご成婚を記念して東京都に下賜され、一般に公開されるようになった。池のほぼ中央に中島と浮島を配し、中島は石造りの堤で結ばれている。園内は松やタブなどの緑が濃く、広々とした芝生もあって心がなごむ。また桜・フジ・サツキなどの花樹が多く、開花期はとくに美しい。

●所在地 / 港区海岸 1-4　●交通 /JR 山手線・京浜東北線浜松町駅から徒歩 1 分
▶ MAP 76 頁　●入園 /150 円・年末年始休・9 ～ 17 時

53 浜離宮恩賜庭園

地図 二-五

海水を導き、潮の干満差で趣が変わる「潮入りの池」

当初この地は将軍家の鷹狩場で、一面の芦原が広がる場所だった。四代将軍・家綱の弟にあたる甲府宰相・松平綱重が別邸を建て下屋敷とした。のち綱重の子供が六代将軍・家宣となったことを契機に、将軍家の所有となり浜御殿と呼ばれた。維新後は皇室の離宮となり、昭和二〇年（一九四五）に東京都へ下賜されている。池に海水を引く「潮入りの池」が特徴的な都内唯一の回遊式臨海庭園で、海寄りに二つの鴨場と中島がある。かつては旧芝離宮恩賜庭園や清澄庭園なども潮入りの池だったが、現在、実際に海水が出入りするのはこの庭園だけである。園内は濃い緑に包まれ、桜・フジ・ボタン・萩などが四季それぞれに彩りを添える。国の特別名勝・特別史跡。

●所在地 / 中央区浜離宮庭園　●交通 / 地下鉄大江戸線汐留駅から徒歩 5 分。JR 線・地下鉄銀座線・浅草線新橋駅から徒歩 12 分　▶ MAP 76 頁　●入園 /300 円・年末年始休・9 ～ 17 時

54

築地本願寺

地図 二-五

築地の顔ともいえる古代インド様式の大伽藍

浄土真宗本願寺派の寺院。京都にある西本願寺の全国で唯一の直轄寺院である。江戸初期、准如上人が浅草近くに浄土真宗本願寺派の別院として創建したのが始まり。当時は江戸浅草御堂と呼ばれていた。明暦の大火（一六五七年）後、海を埋め立てて築いた当地に移築された。「築地」という地名の由来はここからきている。現在の古代インド様式の大伽藍は、湯島聖堂・大倉集古館など、多くの個性的な建築を手掛けた伊東忠太の設計によるもの。大理石彫刻がふんだんに用いられた斬新な建築で昭和九年（一九三四）に完成した。エキゾチックな外観が目をひくが、内部は伝統的な寺院様式となっている。境内には土生玄碩《はぶげんせき》・酒井抱一・間新六郎らの墓がある。

●所在地 / 中央区築地 3-15　●交通 / 地下鉄日比谷線築地駅から徒歩 1 分。同大江戸線築地市場駅から徒歩 5 分　▶ MAP 76 頁　●拝観境内自由・本堂 6 ～ 17 時（季節により変動あり）

55

住吉神社

地図
二-五

佃島をはじめ、月島、勝どき、晴海の氏神として信仰される

江戸初期、佃島の漁民が本国の大坂住吉神社を勧請したのが起こり。佃島は大坂の役の際に、徳川家康に多大な協力をしてくれた摂津国佃村の漁民に、漁業権を与えて住まわせたところだ。神社の創建は正保三年（一六四六）のこと。江戸湊の入り口に位置するため、多くの人々から海上安全、渡航安全の守護神として信仰を集めた。今も江戸情緒が漂う船溜を背にして清楚な本殿が建ち、その左手に水の神・竜神社を摂社として祀る。鳥居脇に写楽終焉の地の碑があり、境内には梅・桜・コデマリ・フジなどの花木が多い。三年に一度の大祭は、佃囃子と神輿渡御で知られ、広重の浮世絵でも有名。住吉神社の神輿は関東では珍しい八角形のもので、八角神輿と呼ばれている。

●所在地 / 中央区佃 1-1　●交通 / 地下鉄有楽町線・大江戸線月島駅から徒歩 5 分　▶ MAP 76 頁　●拝観境内自由　●大祭（本祭 3 年に一度・8 月上旬）

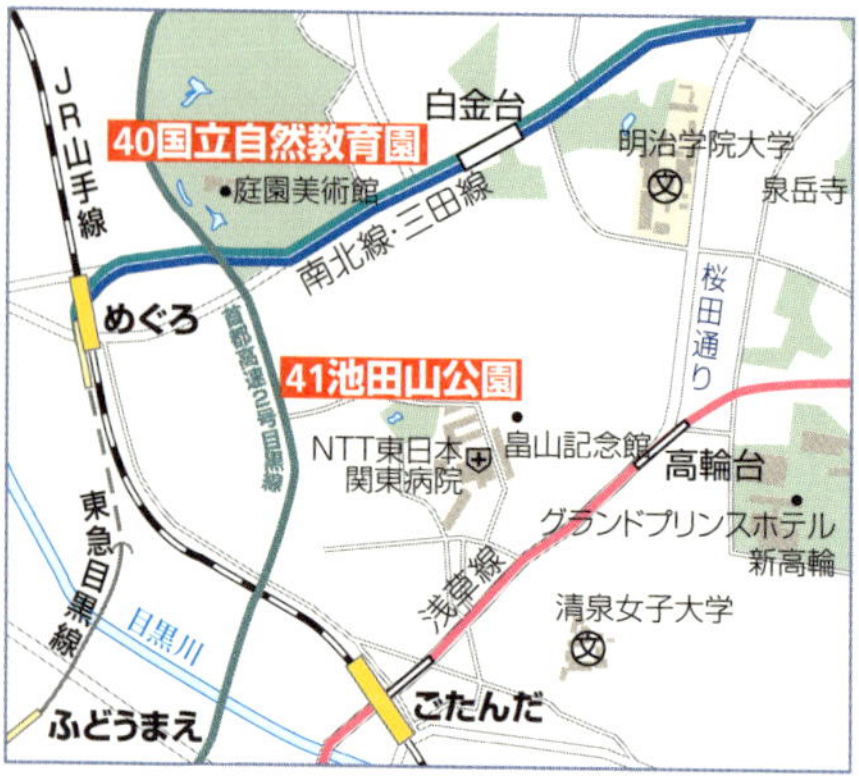
40国立自然教育園
白金台
明治学院大学
庭園美術館
泉岳寺
JR山手線
南北線・三田線
めぐろ
桜田通り
首都高速2号目黒線
41池田山公園
NTT東日本関東病院
畠山記念館
高輪台
グランドプリンスホテル新高輪
東急目黒線
目黒川
浅草線
清泉女子大学
ふどうまえ
ごたんだ

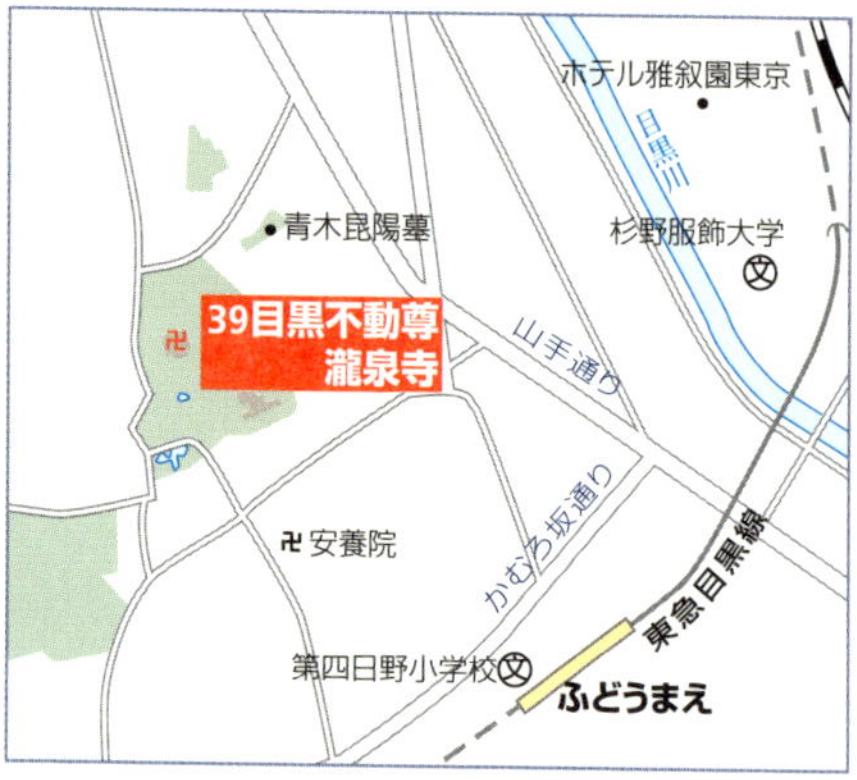
ホテル雅叙園東京
目黒川
青木昆陽墓
杉野服飾大学
39目黒不動尊瀧泉寺
山手通り
安養院
かむろ坂通り
東急目黒線
第四日野小学校
ふどうまえ

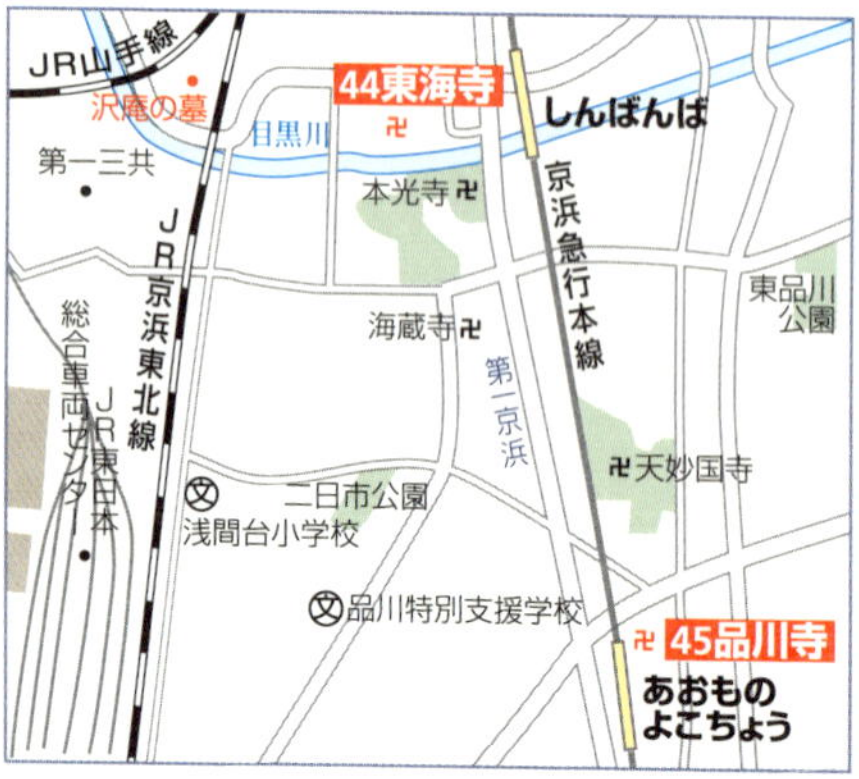
JR山手線
沢庵の墓
44東海寺
しんばんば
目黒川
第一三共
本光寺
JR京浜東北線
京浜急行本線
東品川公園
海蔵寺
総合車両センター
JR東日本
第一京浜
天妙国寺
二日市公園
浅間台小学校
品川特別支援学校
45品川寺
あおものよこちょう

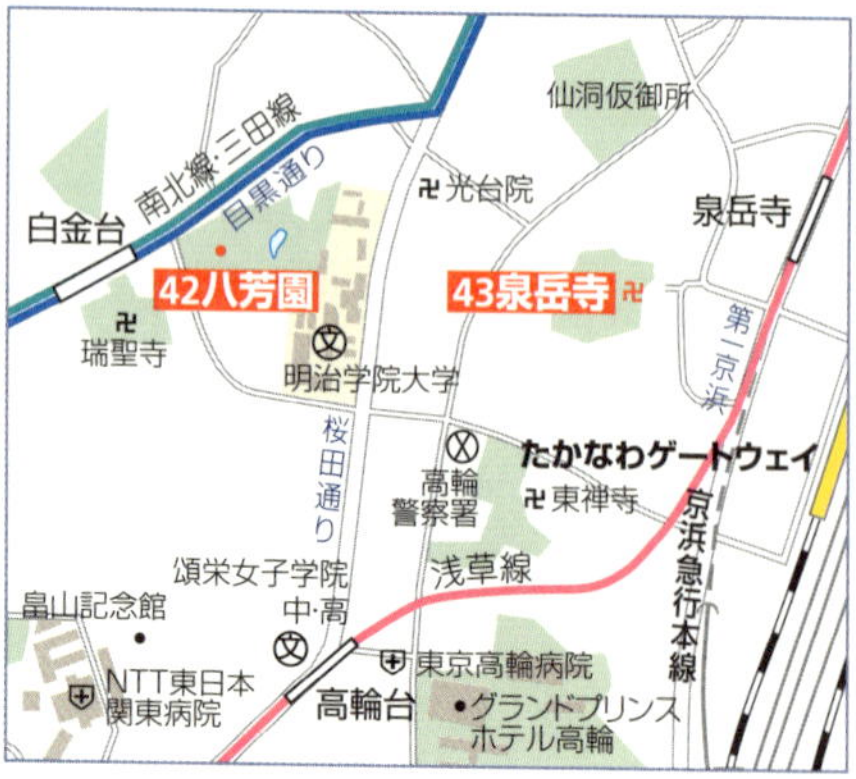
南北線・三田線
仙洞仮御所
目黒通り
光台院
白金台
泉岳寺
42八芳園
43泉岳寺
瑞聖寺
明治学院大学
第一京浜
桜田通り
高輪警察署
たかなわゲートウェイ
東禅寺
京浜急行本線
頌栄女子学院中・高
浅草線
畠山記念館
東京高輪病院
NTT東日本関東病院
高輪台
グランドプリンスホテル高輪

51愛宕神社
三田線
NHK放送博物館
神谷町
東京慈恵会医科大学病院
日比谷線
日比谷通り
芝中・高校
愛宕警察署
御成門
浅草線
第一京浜
東京プリンスホテル
桜田通り
東京タワー
港区役所
大江戸線
48増上寺
大門

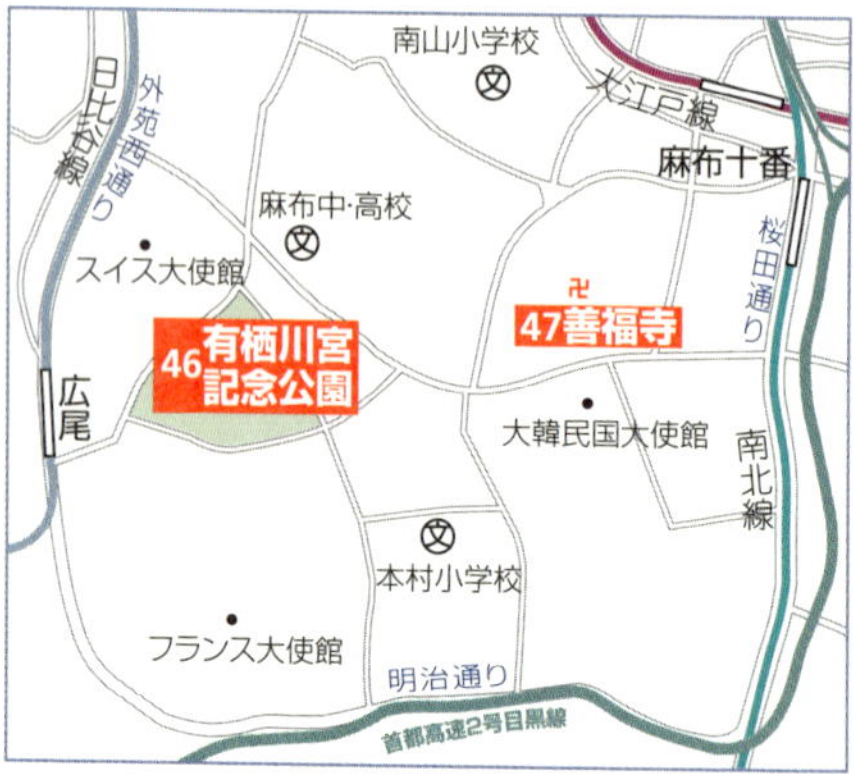
南山小学校
日比谷線
外苑西通り
大江戸線
麻布十番
麻布中・高校
スイス大使館
桜田通り
47善福寺
46有栖川宮記念公園
広尾
大韓民国大使館
南北線
本村小学校
フランス大使館
明治通り
首都高速2号目黒線

しんばし
新橋
国立がん研究センター
中央病院
築地市場
銀座郵便局
朝日新聞社
三田線
浅草線
JR山手京浜東北線
ゆりかもめ
汐留
愛宕警察署
御成門
53浜離宮恩賜庭園
第一京浜
港区役所
都営大江戸線
大門
はままつちょう
52旧芝離宮恩賜庭園
たけしば

半蔵門線
銀座線
青山一丁目
赤坂
山王病院
大江戸線
千代田線
38赤坂氷川神社
乃木坂
檜町公園
37青山霊園
50東京ミッドタウン
国立新美術館
青山公園
首都高速3号渋谷線
六本木
六本木通り
外苑西通り
外苑東通り
日比谷線
49六本木ヒルズ

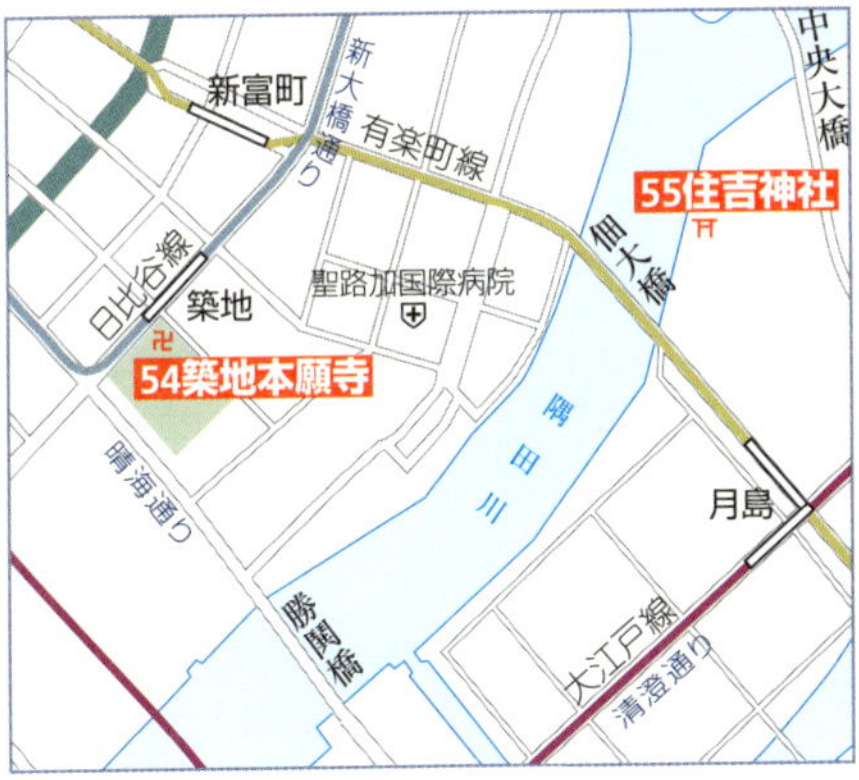
新富町
新大橋通り
有楽町線
中央大橋
55住吉神社
日比谷線
築地
聖路加国際病院
佃大橋
54築地本願寺
隅田川
晴海通り
月島
勝鬨橋
大江戸線
清澄通り

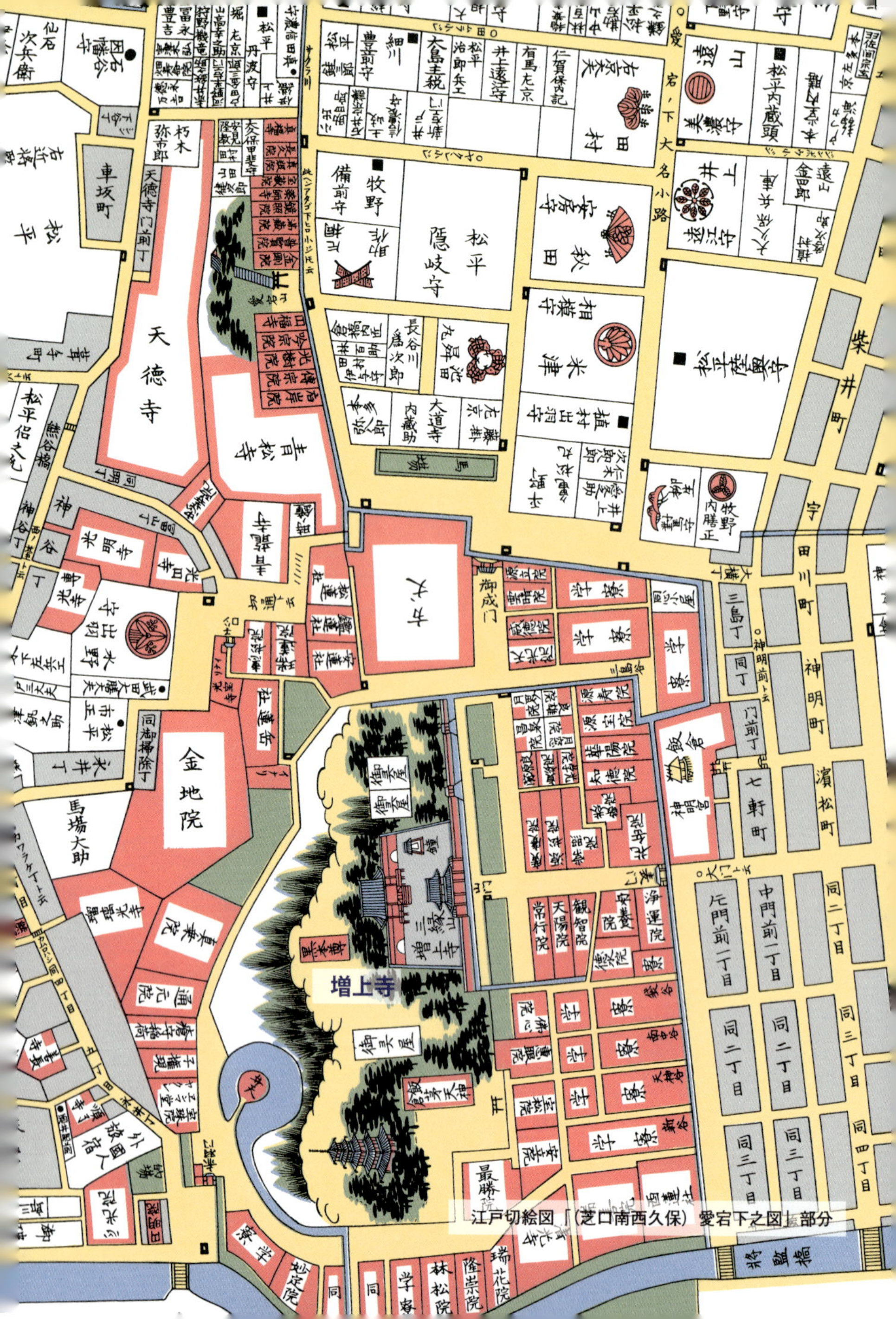

江戸切絵図「（芝口南西久保）愛宕下之図」部分

◆清澄庭園・亀戸天満宮周辺

江戸切絵図「本所絵図」部分

56

亀戸天満宮

地図 ヘ-三

四季折々の花が美しい、花に囲まれた天神様

江戸時代初期に九州太宰府の神官が、〈飛梅〉の神木で菅原道真の像を彫り、この地の小祠に祀ったのが起源と伝えられる。その後、寛文二年（一六六二）に神殿・太鼓橋・心字池などを太宰府天満宮に模して造り、「東宰府天満宮」と称した。現在の社殿は昭和の再建だが、八棟造り、丹塗りの華麗なもので、楼門や末社の御獄神社も木々の緑に映えて美しい。また広重が『名所江戸百景』に描いた太鼓橋と藤棚は、昔のままの風情を保っており、開花期には藤まつりが開かれて賑わう。毎年一月に行われる「うそ替え神事」は江戸時代から続く行事。木彫りの「うそ鳥」は神職の手で一つ一つ心を込めて作られたもの。祭りの日にしか手に入らない貴重な開運守りとして人気がある。

●所在地／江東区亀戸 3-6　●交通／JR 総武線亀戸駅から徒歩 15 分　●拝観境内自由　▶ MAP 88 頁　●藤まつり（4 月下旬～ 5 月上旬）・うそ替え神事（1 月 24・25 日）

57 富岡八幡宮

地図 ホ-四

江戸三大祭の一つ、深川八幡祭りで知られる

寛永四年（一六二七）に隅田川河口の砂州を埋め立てて創建。深川の総鎮守で深川八幡とも称した。徳川将軍家の保護を受け、境内の広く美しい庭園は、江戸庶民に人気の名所だったといわれる。江戸時代の社殿は東京大空襲により焼失。現在の建物は昭和三一年（一九五六）に造営された。鉄筋コンクリートを使用した準八幡造りと呼ばれる重層建築で、上層に高欄付きの神殿を上げた独特なもの。富岡八幡宮は江戸勧進相撲発祥の地として知られ、のちに本所回向院に移るまで、ここで相撲興行が行われていた。境内には横綱力士の碑や力石・角乗りの碑など石碑が多い。また深川八幡祭りは、「江戸三大祭」の一つで、五〇基余りの勇み肌の神輿渡御で有名。

●所在地／江東区富岡 1-20　●交通／地下鉄大江戸線・東西線門前仲町駅から徒歩 3 ～ 5 分　▶ MAP 88 頁　●深川八幡祭り（例祭 8 月 15 日、本祭 3 年に一度）

58

清澄庭園（霊巌寺）

地図 ホ-四

紀伊国屋文左衛門の屋敷跡を岩崎弥太郎が庭園として整備

元禄期の豪商として知られる紀伊国屋文左衛門の屋敷跡と伝えられ、のち関宿藩久世家の下屋敷が置かれたところ。維新後の明治一一年（一八七八）に三菱財閥の創業者・岩崎弥太郎が所有。荒廃していた邸地を整備し、三菱社員の慰安と賓客の接待を目的とした「深川親睦園」を造成する。かつては庭園の西側にジョサイア・コンドル設計の洋館も建てられていたが、関東大震災で焼失している。回遊式林泉庭園で、池に浮かぶ数寄屋造りの涼亭をはじめ、点在する名石や飛び石の磯渡り、四季を彩る花木の眺めが素晴らしい。敷地内に大正記念館も移築されている。隣接して霊巌寺があり、境内には江戸六地蔵の露座像や白河楽翁こと松平定信の墓がある。

●所在地 / 江東区清澄 3-3　●交通 / 地下鉄半蔵門線・大江戸線清澄白河駅から徒歩 3 分　▶ MAP 88 頁　●入園 /150 円・年末年始休・9 ～ 17 時

59 回向院《えこういん》

地図 ホ-三

江戸時代には秘仏御開帳や勧進相撲で興隆した寺

俗に「振袖火事」と呼ばれる明暦の大火（一六五七年）の焼死者、約一〇万人を供養するために創建された寺。正式には諸宗山無縁寺回向院と称する浄土宗の寺院である。明暦の大火がきっかけで創建した寺だが、その後も火事・水害・地震などによる無縁仏がこの寺に埋葬された。境内には明暦大火横死者等供養塔をはじめ、多数の供養塔が林立している。また戯作者・山東京伝や怪盗鼠小僧次郎吉などの墓もある。

江戸中期には全国の有名社寺の秘仏御開帳が行われる寺院として有名になる。また後期には勧進相撲の興行が行われ、明治末期に旧両国国技館が完成するまでの七六年間、相撲の定場所となっていた。境内には縁の「力塚の碑」もある。

●所在地 / 墨田区両国 2-8　●交通 /JR 総武線両国駅から徒歩 3 分　▶ MAP 88 頁　●拝観境内自由・9 ～ 17 時

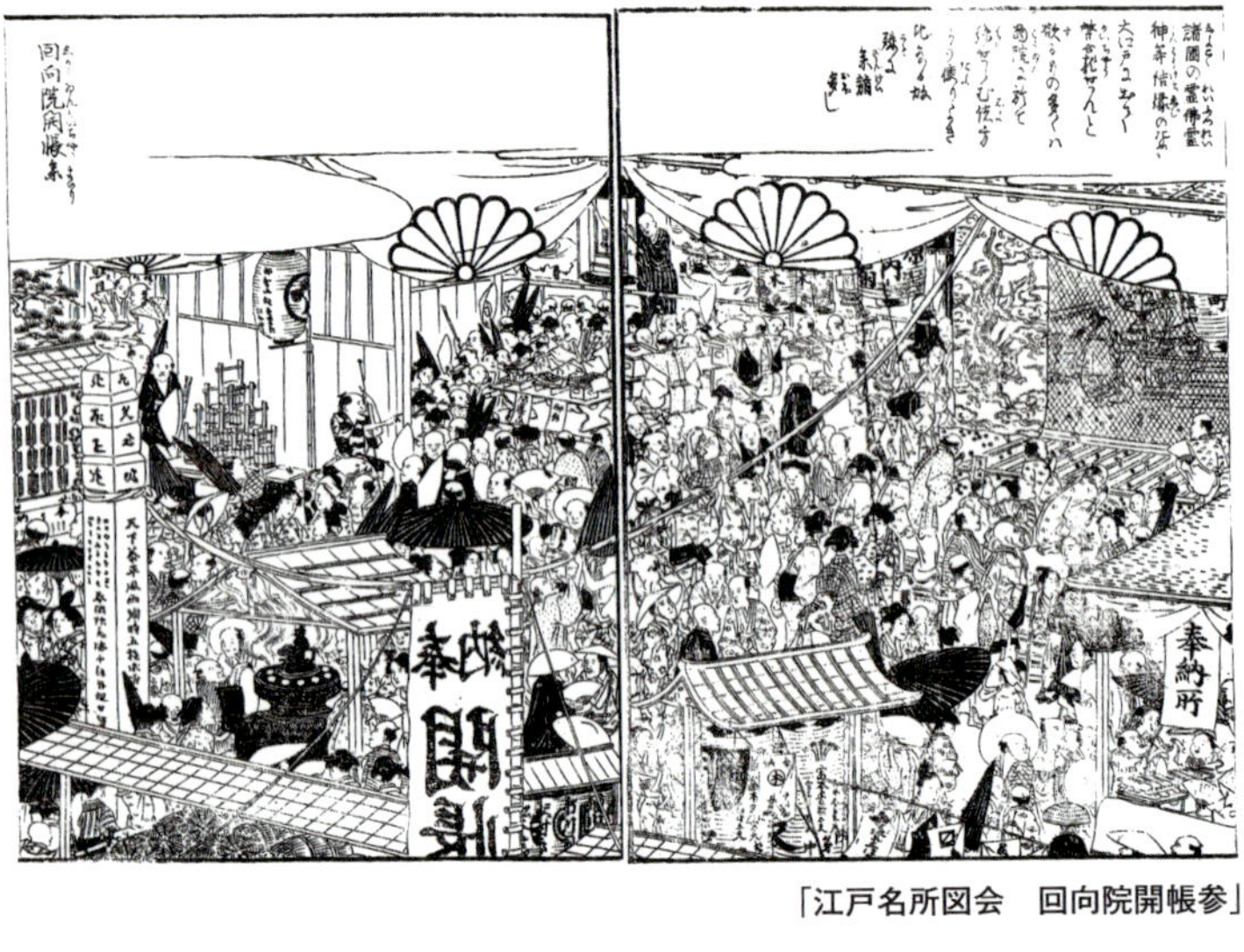

「江戸名所図会　回向院開帳参」

60

旧安田庭園

地図 ホ-三

大名庭園の面影を伝える潮入り回遊式庭園

江戸時代、丹後宮津藩・松平伯耆守の下屋敷があったところ。庭園は元禄年間（一六八八～一七〇三）に築造されたと伝わる。その後、岡山藩池田家から安田財閥の安田善次郎へ所有が移った。氏の没後、大正一一年（一九二二）に東京市に寄贈されている。当初は隅田川の水を引き入れた潮入り回遊式庭園として整備された。現在は川との直接の接続は停止。ポンプにて地下の貯水槽から人工的に水を入れて潮入りを再現し、池の水の増減による風景の変化を楽しむことができる。池を中心にクス・カヤ・ヤツデなどが繁茂し、野鳥の棲息や渡り鳥の飛来も見られる。池畔の石組と周囲の緑が調和して心地よく、今に大名庭園の面影を伝えている。平成三十年、隣接地に刀剣博物館が移転した。

●所在地 / 墨田区横網 1-12　●交通 / JR 総武線両国駅から徒歩 5 分　▶ MAP 88 頁　●入園 / 無料・年末年始休・9 ～ 16 時 30 分

61

隅田公園

地図 ホ-二

春の花見、夏の花火大会で大いに賑わう

隅田川の両岸に位置する河畔公園で、言問橋から桜橋へ続く約一キロメートルの桜並木は、八代将軍・徳川吉宗の命により植えられた〈墨堤の桜〉として有名。江戸時代より花見の名所として知られ、夏は隅田川花火大会など大勢の人々で賑わいを見せる。園内の一部に、もと水戸藩徳川家の下屋敷跡があり、潮入り回遊式庭園を築いた一角が残っている。池を中心に老樹が茂り、水戸藩邸旧跡の碑や、藩の保守派と対立してここに幽閉された、藤田東湖の「正気歌」の碑などがある。公園に隣接する「言問団子」文政二年（一八一九）創業と、「長命寺桜もち」享保二年（一七一七）創業の二軒は、江戸時代から知られる墨堤の名物。

●所在地／墨田区向島・台東区花川戸　●交通／地下鉄銀座線・浅草線・東武スカイツリーライン浅草駅から徒歩5分　▶MAP 88頁　●入園／無料・無休

62

三囲《みめぐり》神社

地図 ホ-ニ

平安時代の昔から墨東地域に根ざす、由緒ある神社

神社の草創は定かではない。社伝によれば平安時代初期の建立と伝えられている。南北朝時代、僧源慶が再建の折、白狐が現れて、土中から出てきた神像を三回巡ったことから社名が起こったという。五穀の神宇迦《うか》之《の》御魂命《みたまのみこと》を主神とし、隅田川七福神として恵比寿・大黒天を祀る。境内には句碑や歌碑が林立しているが、なかでも、「遊ふた地や田を見めぐりの神ならば」と刻んだ宝井其角の雨乞いの句碑が有名。京都の豪商・三井家が江戸に進出した際に守護神と崇め、以後現在に至るまで三井家の守護社とされ、三越本店・支店には神社の分霊を祀っている。また境内の石造りの三柱鳥居は、京都太秦の木嶋神社と同じ珍しいものだ。鳥居のそばには三本柱の屋根をもつ手水鉢もある。

●所在地 / 墨田区向島 2-5　●交通 / 地下鉄浅草線本所吾妻橋駅、または東武スカイツリーラインとうきょうスカイツリー駅から徒歩 8 分　▶ MAP 88 頁●拝観境内自由

歌川広重「江戸高名会亭尽　三囲之景」

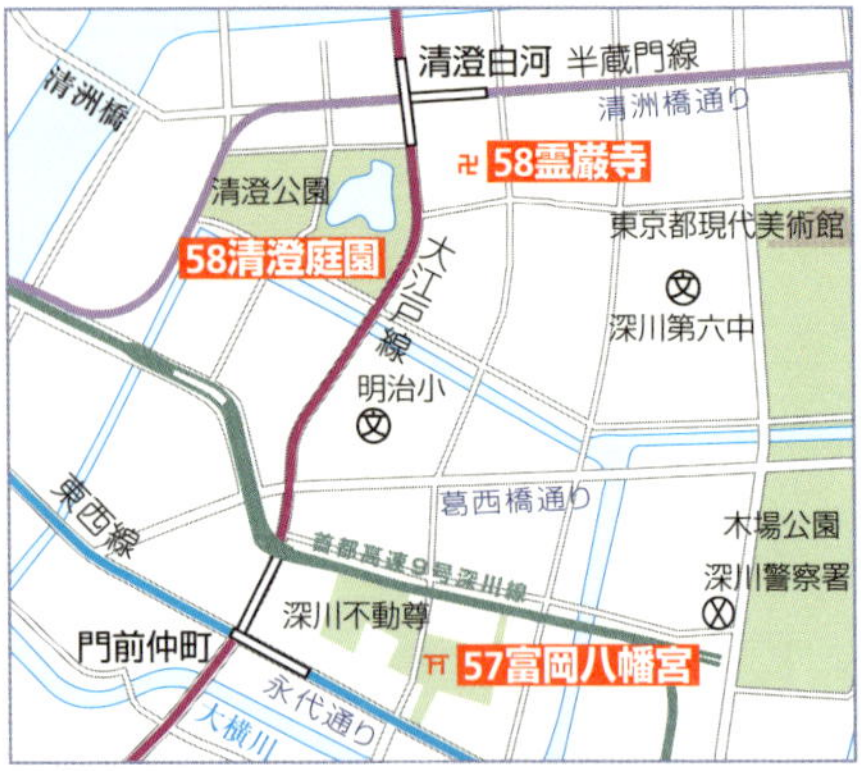
清澄白河
半蔵門線
清洲橋通り
清洲橋
58霊巌寺
清澄公園
58清澄庭園
大江戸線
東京都現代美術館
深川第六中
明治小
東西線
葛西橋通り
木場公園
深川警察署
首都高速9号深川線
深川不動尊
門前仲町
57富岡八幡宮
永代通り
大横川

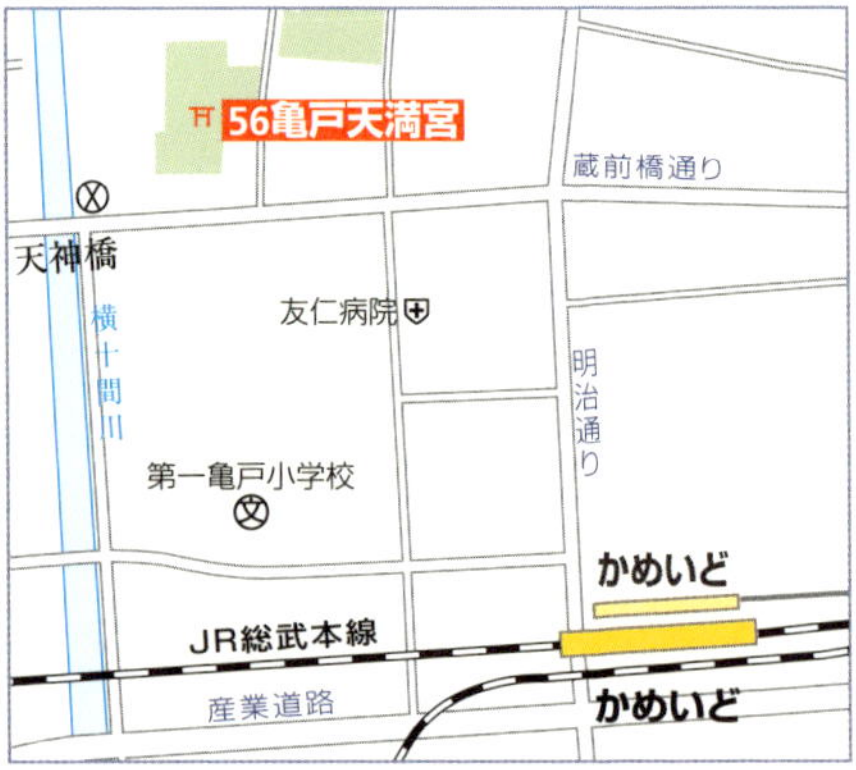
56亀戸天満宮
蔵前橋通り
天神橋
友仁病院
横十間川
明治通り
第一亀戸小学校
かめいど
JR総武本線
産業道路
かめいど

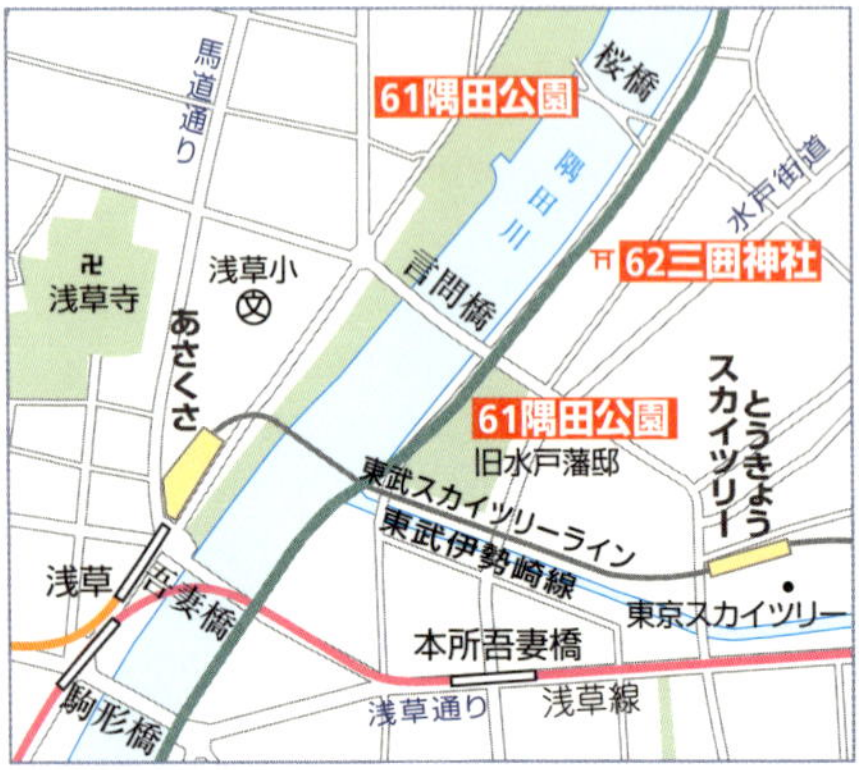
馬道通り
61隅田公園
桜橋
隅田川
水戸街道
浅草小
浅草寺
言問橋
62三囲神社
あさくさ
とうきょうスカイツリー
61隅田公園
旧水戸藩邸
東武スカイツリーライン
東武伊勢崎線
浅草
吾妻橋
東京スカイツリー
本所吾妻橋
浅草通り
浅草線
駒形橋

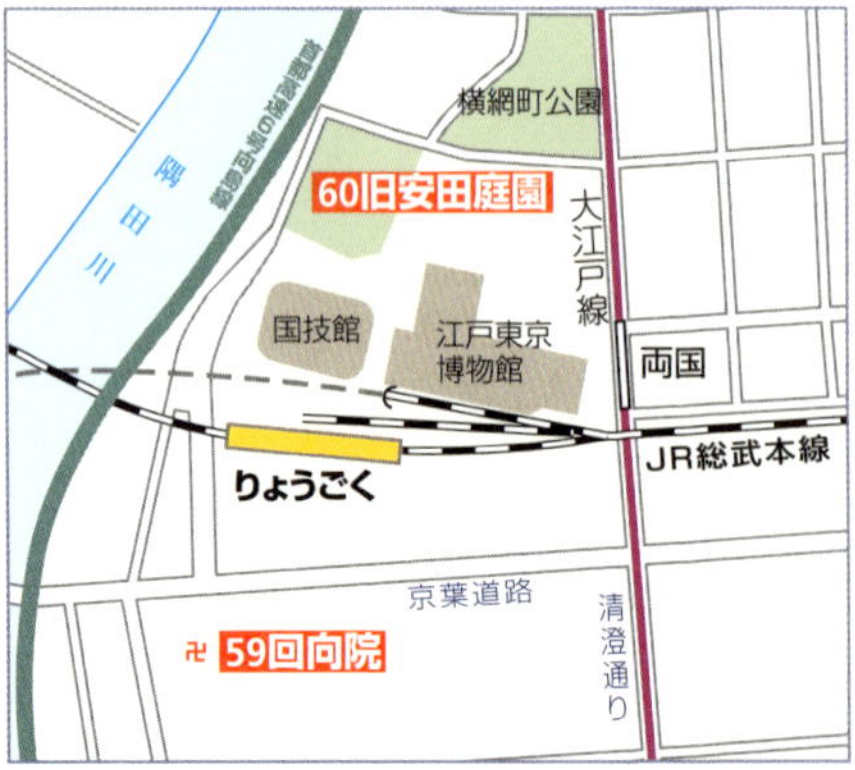
横網町公園
隅田川
60旧安田庭園
大江戸線
国技館
江戸東京博物館
両国
JR総武本線
りょうごく
京葉道路
清澄通り
59回向院

※本書に記載の情報は、2020年6月1日現在のものです。休館日や開館時間等は、各施設にご確認ください。(写真は2014年以前のものも含まれます。)

『北斎漫画』(メモページ掲載)芸艸堂蔵。その他の図版は、すべて国立国会図書館蔵。

復刻古地図について

本書付録及び冊子に掲載している復刻古地図は、昭和40年～50年代にかけて、郷土史家・喜多川周之氏と人文社編集部により復刻・出版された図です。収集した古地図原本から復刻に適した図を選び撮影、各色版ごとにトレースし、傷みが大きく文字の判読が困難な箇所については、別史料を元に解読しながら描き起こされています。起こされた各色版から印刷用製版フィルムを作成、オリジナルの和紙に印刷したものが人文社版復刻古地図です。

原則的に原寸・原色で復刻されていますが、一部、彩色を変更（例：墨色で刷られた河川を青色の版に変更）して起こした図もあります。また解読した部分には原本と異なる表記が含まれる場合もあります。複数の写本を参考に、より見易い図となるよう制作された「復刻版」であることをご了承ください。

その他の復刻古地図は、こちずライブラリWEBサイトをご覧ください。
http://oldmap.jp

シリーズ古地図物語

江戸寺社大名庭園　路線図入り 御江戸大絵図付

2014年10月31日 初　版第1刷
2020年 6月30日 第3版第1刷

企画・編集　こちずライブラリ

編集協力　佐伯貴士

発行人　熊谷 伸一

発行所　株式会社こちずライブラリ

〒105-0003 東京都港区西新橋 1-16-12

TEL 03-3591-9170　FAX 03-3591-9170

発売所　株式会社メディアパル

〒162-0813 東京都新宿区東五軒町 6-24

TEL 03-5261-1171　FAX 03-3235-4645

印刷・製本　凸版印刷株式会社

 ISBN 978-4-89610-835-4